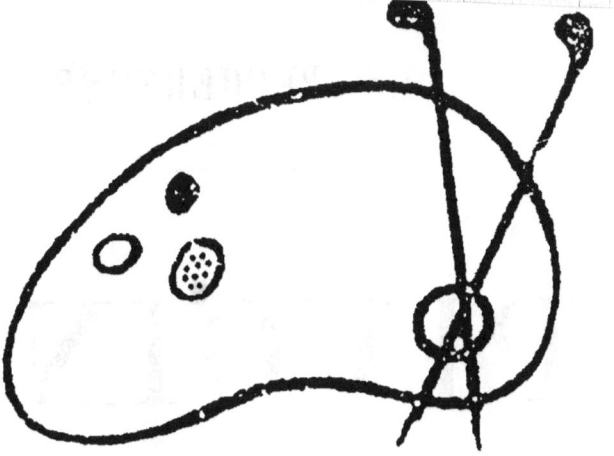

Début d'une série de documents
en couleur

COLLECTION A **1** FR. LE VOLUME

LES PÉCHERESSES

PIVOINE

PAR

XAVIER DE MONTÉPIN

A. Bœswillwald
Directeur
9, RUE DE VERNEUIL, 9
PARIS

A LA MÊME LIBRAIRIE

ÉDOUARD MONTAGNE
HISTOIRE DE LA SOCIÉTÉ DES GENS DE LETTRES
Préface de Jules Claretie.

1 beau volume in-8° raisin, 12 portraits..... 10, 12 et 14 fr.
Tiré sur Hollande.. 25 »
Tiré sur Japon... 35 »

Émile SECOND
Feux et Flammes. Souvenirs de garnison. 1 beau volume, imprimé avec luxe, tirage en couleur, 8 compositions hors texte et couverture de Félix Régamey.... 5 fr.

BIBLIOTHÈQUE MONDAINE à 3 fr. 50

Charles CHINCHOLLE
La Grande Prêtresse. Grand roman parisien.

Alph. de CALONNE
Bérengère. Roman de mœurs.

Jean DESTREM
Drames en cinq minutes. Nouvelles, elzévir.

Joseph MONTET
Salade russe. Nouvelles. Beau volume elzévir.

Eugène GUYON
La Donna è mobile. Grand roman parisien.

André VALDÈS
Lélia Montaldi. Roman de mœurs exotiques.

Henri DEMESSE
La Vénus de bronze. 1 fort volume.

Raoul POSTEL
Jeanne d'Arc.

Vont paraître :

Georges RÉGNAL
Monsieur le Docteur. Etude parisienne.

André VALDÈS
L'Opprobre. Roman de mœurs.

A. SIRVEN et A. SIÉGEL
Sans feu ni lieu. Roman de mœurs.

R. POSTEL et G. RIDLER
Au Secret. Roman de mœurs judiciaires.

Jules de GASTYNE
Le Drame des Chartrons. Roman d'aventures.

Paul d'ABREST
Vienne sous François-Joseph. Précis historique.

Joseph MONTET
Hors les murs. Nouvelles champêtres illustrées par Frédéric Régamey..................................... 5 fr.

Paris. — Imprimerie G. Rouera et Cⁱᵉ, 1, rue Cassette.

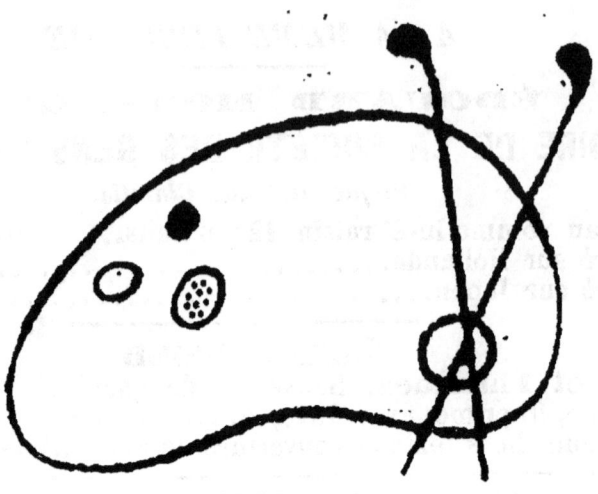

Fin d'une série de documents en couleur

PIVOINE

OUVRAGES DE XAVIER DE MONTÉPIN

1 FRANC LE VOLUME, 1 FRANC 25 (FRANCO)

LES VIVEURS DE PARIS.	4 vol.
LES CHEVALIERS DU LANSQUENET	4 —
UN BRELAN DE DAMES.	1 —
LA SYRÈNE.	1 —
LES VIVEURS D'AUTREFOIS	1 —
LES VALETS DE CŒUR	1 —
SŒUR SUZANNE.	2 —
LES AMOURS D'UN FOU	1 —
GENEVIÈVE GAILLOT	1 —
L'OFFICIER DE FORTUNE.	2 —
LA COMTESSE MARIE.	2 —
PIVOINE.	1 —
MIGNONNE	1 —
LES VIVEURS DE PROVINCE.	3 —
LA PERLE DU PALAIS-ROYAL.	1 —
LA FILLE DU MAITRE D'ÉCOLE.	1 —
COMPÈRE LEROUX.	1 —

Paris. — Imprimerie G. Rougier et Cie, rue Cassette, 1.

LES PÉCHERESSES

PIVOINE

PAR

XAVIER DE MONTÉPIN

LIBRAIRIE MONDAINE
A. Bœswillwald
Directeur
9, RUE DE VERNEUIL, 9
PARIS

PIVOINE

PREMIÈRE PARTIE.

LES DÉBUTS D'UNE PÉCHERESSE

I

L'ATELIER.

— Olibrius ?
— Présent, maître.
— Qu'est-ce que tu fais ?
— Je broie du noir.
— Interromps ce labeur et avance à l'ordre.
— Voici.
— Donne-moi une pipe.
— Laquelle ?
— La cinquième du ratelier, petite, noire, courte-queue.

— Ah ! *Joconde ?*

— Non, *Indiana,* — tâche donc de te rappeler les noms de baptême correspondant aux numéros d'ordre. — C'est bien facile :

N° 1. Bloc d'écume, *Werther.*

N° 2. Pipe turque, *Soliman.*

N° 3. Calumet, *O-jib-bé-was.*

N° 4. Pipe algérienne, *Abd-el-Kader.*

N° 5. Pipe de terre, *Indiana.*

N° 6. Brûle-gueule, *Waterloo,* puis *Régaillette,* puis *Biscornette,* puis *Molock,* puis *Mogador,* etc., etc.; c'est simple comme bonjour !

— Je ferai en sorte de me souvenir.

— Très-bien !

— Faut-il charger *Indiana ?*

— Pardieu !

— C'est que...

— C'est que, quoi ?

— Le pot à tabac est complétement veuf de toute espèce de *caporal.*

— Ah ! diable !

— Voulez-vous que j'aille en acheter pour quatre *monacos ?*

— Aurais-tu par hasard de la monnaie sur toi, Olibrius ?

— Aucune.

— Ah ! fichtre !

— Mais je changerai cent sous.

— C'est une idée. Où sont-ils, les cent sous?

— Dans votre poche, je le présume.

— Illusion profonde!

— Comment donc faire?

— Examine un peu *Werther* et *Soliman*, il doit y avoir des culots.

— Pas du tout.

— Où donc ont-ils passé les culots? Songez que vous en êtes responsable, Olibrius!

— Lodoïska les a pris hier pour se nettoyer les dents, noircir ses souliers et faire des cigarettes.

— *Mordious!* comme eût dit feu messire d'Artagnan, voilà qui est vexant!

— Oh! oui!

— Enfin, qu'est-ce que tu veux? aux grands maux les grands remèdes, tentons la fortune! Olibrius, donne-moi le porte-voix.

Il est plus que temps, ce nous semble, d'expliquer à nos lecteurs quels sont les personnages que nous venons de mettre sous leurs yeux, personnages dont le dialogue précédent n'a point dû faire apprécier d'une façon suffisante la position sociale.

Deux mots d'abord du lieu de l'action.

Nous commençons à la manière des *scenarios* de vaudevilles.

La scène se passait dans un atelier, au sixième étage d'une maison de la rue de Fleurus, proche du Luxembourg.

Porte à droite donnant sur un escalier.

Fenêtre à gauche ouvrant sur une espèce de trou profond, carré et obscur, qui avait la prétention d'être une cour.

Châssis vitré au lieu de plafond.

Au milieu de la pièce, un chevalet supportait une toile de moyenne grandeur.

Un peu en arrière, une ficelle, attachée à deux clous, soutenait un rideau de toile à matelas tout déchiré.

Ce rideau coupait un des angles de l'atelier et formait ainsi une sorte de chambre à coucher.

Par les entrebâillements, on apercevait un lit de sangle orné d'un seul et maigre matelas.

Dans l'angle opposé, sur une escabelle, un de ces marbres dont les peintres font usage pour broyer leurs couleurs.

A côté de ce marbre, un petit poêle en fonte et un mannequin en mauvais état couronné de laurier et drapé d'un haillon rouge.

Les murs, blanchis à la chaux, n'avaient d'autre ornement qu'un ratelier bien garni de pipes, duquel il a déjà été fait honorablement mention, quelques armes sans aucune valeur et deux ou trois esquisses médiocres.

Un petit buffet en bois de sapin et quatre chaises dépaillées complétaient, avec une boîte à couleurs, ce mobilier peu luxueux.

Un jeune homme de vingt-six à vingt-sept ans était

assis devant le chevalet, tenant une palette et un appui-main.

C'était le maître de céans, Robert Friquet, surnommé *Fra-Diavolo*. — Nous connaîtrons dans un instant l'origine de ce surnom.

Le second personnage, celui que nous avons entendu répondre au nom d'*Olibrius*, s'appelait en réalité Jacolin, et paraissait avoir de seize à dix-sept ans.

Le soleil du mois d'août, dardant avec violence sur le faîte de la maison et sur le châssis vitré, changeait l'atelier en une fournaise étouffante ; aussi le costume de Robert Friquet, ou plutôt de *Fra-Diavolo* (nous l'appellerons désormais ainsi) était-il des plus simples.

Ce costume consistait en une chemise, ouverte au col et aux poignets, et en un pantalon de velours noir à larges plis, étroitement serré aux hanches et tout maculé de taches de peinture.

Les traits de *Fra-Diavolo* étaient beaux et présentaient un très-remarquable échantillon du type italien, quoique l'artiste fût le fils d'une portière de la rue Coquenard.

Mais cette portière, dont le mari était tailleur, avait été jolie jadis, et, un an avant la naissance de son fils unique, elle faisait le ménage d'un magnifique Napolitain qui logeait dans sa maison.

On a vu des ressemblances plus bizarres.

Fra Diavolo portait de longs cheveux noirs négligemment bouclés autour de son visage d'une pâleur dorée et mate.

Il abusait de la moustache aux crocs cavalièrement retroussés.

Il abusait également du col de chemise rabattu sur un étroit ruban noir et laissant le cou entièrement à découvert.

Il s'habillait volontiers d'une jaquette de velours, — il affectionnait les chapeaux de feutre, larges d'ailes, bas de forme et à cuve arrondie.

Il recherchait enfin ces *clins d'yeux* mélodramatiques, ces poses à effet, et ces allures excentriques qui font dire aux bourgeois étonnés :

— Tiens, voilà un *artiste* qui passe !

De tout ceci était résulté pour Robert Friquet le pseudonyme de *Fra-Diavolo*, — pseudonyme qu'il prenait en bonne part et par lequel il était universellement désigné.

Fra-Diavolo ne manquait point d'un certain talent.

Il faisait des pastiches assez bien réussis des œuvres de quelques maîtres, — mais par suite d'un travers commun à toutes les médiocrités, il croyait à son génie, — prenait toutes ses copies pour des créations et ses réminiscences pour de l'originalité.

Nous dirons plus tard quelles circonstances avaient poussé Fra-Diavolo de la loge de sa mère dans la carrière artistique.

Olibrius, rapin pur sang, doué d'une fort jolie figure, portait une chemise bleue et blanche, un pantalon de coutil, et de gros souliers.

Un petit bonnet grec en velours jadis vert, constellé de paillettes jadis dorées, était posé de côté sur sa chevelure blonde et touffue.

Olibrius était peut-être le seul être au monde qui crût fermement au talent et à l'avenir de Fra-Diavolo, aussi s'était-il dévoué et consacré à lui corps et âme.

Il lui broyait ses couleurs, — lui préparait sa palette, — lui bourrait sa pipe, — lui cirait ses bottes, — et vivait du reste avec lui sur un pied d'affection fraternelle et de sincère égalité.

Nous le verrons à l'œuvre.

— Donne-moi le porte-voix, Olibrius, — répéta Fra-Diavolo en quittant son escabelle sur laquelle il posa sa palette et son appui-main.

Le rapin obéissant fouilla dans l'un des coins obscurs protégés par le rideau de séparation, et en revint muni d'un tube de fer-blanc évasé par un bout.

— Voilà! — fit-il en présentant ce tube à Fra-Diavolo, qui s'approcha de la fenêtre ouverte sur la cour, se pencha, emboucha l'instrument, et jeta ces paroles dans l'espace.

— Hohé! m'ame Potard! — hohé!

Au bout d'un instant une petite voix fêlée répondit depuis les étages inférieurs :

— Quéque vous voulez ?

— Quatre sous à *fumer*, mes amours!

— Et l'argent?

— Je n'ai que de l'or. — Vous mettrez cela avec autre chose.

— Allons, on y va.

— Le tour est fait, dit Fra-Diavolo en quittant la fenêtre et en déclamant :

> Aux petits des oiseaux, Dieu donne la pâture,
> Et sa bonté s'étend jusques à la peinture !

Puis il ajouta:

— Olibrius, prépare la boîte aux lettres, et vivement !

Ces mots : *La boîte aux lettres*, avaient sans doute entre les deux jeunes gens une signification convenue d'avance, car le rapin se munit aussitôt d'une corbeille attachée à une ficelle d'une prodigieuse longueur.

Il déroula prestement cette ficelle, et l'instant d'après la corbeille toucha le pavé de la cour.

Au bout de deux minutes, la voix de madame Potard retentit :

— Voici le tabac demandé, et quelque chose avec ; — dit-elle.

Olibrius bientôt hissa le panier, qui apparut au rebord de la fenêtre, non plus vide, mais contenant un paquet de *tabac caporal* et une enveloppe cachetée.

— Qu'est-ce que c'est que ça ? — demanda Fra-Diavolo.

— C'est une lettre, pardine !
— Pour qui ?

— Pour vous.

— Voyons un peu. Tiens! ça sent le patchouli! J'ignore totalement cette écriture, mais la suscription en est agréable.

Et il lut tout haut :

« *A mociéu, mociéu* Fra-Diavolo, *aretiste en pentur.*
                    Rue de Fleurusse. »

— De qui diable ça peut-il être?

— Dame! ouvrez, et vous verrez!

Le peintre rompit le cachet.

Un billet plié en quatre et un papier rose s'échappèrent de l'enveloppe.

— Bah! un coupon de loge! s'écria Fra-Diavolo fort étonné.

— Un coupon! pour où?

— Pour *Bobino.* Vois plutôt : *Théâtre du Luxembourg. — Avant-scène des premières loges.*

— Vive la Charte! s'écria Olibrius, nous irons au spectacle!

— Moi, oui. Nous, non; répondit Fra-Diavolo d'un ton grave.

— Est-ce qu'il n'y a qu'une place? demanda le rapin désappointé.

— Il y en a plusieurs.

— Eh bien! alors, pourquoi ne voulez-vous pas m'emmener?

— Parce que je ne le puis, Olibrius.

— A cause?

— Lis ceci.

Et l'artiste présenta à son élève le billet qu'il venait de déplier et qui contenait ces deux mots :

« *Vené seul!* »

— Qu'est-ce que cela veut dire? demanda Olibrius.

— Cela veut dire, répondit Fra-Diavolo en retroussant sa moustache de l'air le plus conquérant, cela veut dire que je vais en bonne fortune! que c'est une *fâme* qui m'écrit, et qu'il s'agit d'un rendez-vous!

UNE TOILETTE D'ARTISTE.

— Oui, poursuivit Fra-Diavolo en continuant d'arrondir sa moustache en croc de mousquetaire, oui, la chose est évidente, c'est une *fâme*, mais laquelle? Une ancienne à moi? Elle s'abstiendrait totalement de ces allures mystérieuses. Un modèle amoureux de son peintre? Les modèles n'ont pas d'argent à consacrer à des acquisitions d'avant-scènes. Une grande dame? *une comtesse du noble faubourg Saint-Germain*, comme dit Barbier le poëte? Cette idée folâtre me chatouille, mais je la crois erronée. Le théâtre Bobino n'est point assez aristocratique, une marquise ne l'eût pas choisi! Serait-ce une actrice, une artiste, une amie des beaux-arts, idolâtre de mon physique et désirant que je la *croque* à la mine de plomb, que je la *lave* à l'aquarelle, ou que je la *poche* à l'huile, le tout dans le costume coquet de Vénus sortant du sein des ondes? Il y a cent à parier! c'est cela même! Thalie m'appelle, Momus me couronne et Cupido me sourit! Vive la joie et les pommes de terre! Olibrius, quelle heure est-il?

— Vous savez bien, répondit le rapin avec une nuance de mauvaise humeur, vous savez bien que la montre est chez *ma tante* où mon oncle la garde!

— Alors, décampe, *lesto presto*, dégringole les escaliers, consulte le chronomètre de l'épicier du coin, et regarde l'affiche du théâtre à l'angle de la rue Madame, pour me rendre compte de la composition du spectacle et de l'heure à laquelle on commence!

Tandis que le rapin s'acquittait de la double commission qui venait de lui être donnée, Fra-Diavolo reprit sa place devant son chevalet, et donna quelques coups de pinceau à tort et à travers au milieu d'un tableau qu'il ébauchait, tableau mythologique et anacréontique, représentant une nymphe endormie, surprise peu vêtue dans un *bocage* par un Silène aux yeux ardents.

Au bout de cinq minutes à peine, Olibrius reparut tout essoufflé.

— Eh bien? demanda Fra-Diavolo.
— Il est quatre heures dix.
— On commence?...
— A cinq heures et quart.
— Et qu'est-ce qu'on joue?
— Voici l'affiche, je l'ai volée dans le cadre.
— Tiens! tiens! tiens!

— Oui, et même le portier du théâtre qui m'a vu faire s'est mis à me gratifier d'une foule d'invectives mal sonnantes; les passants commençaient à s'attrouper, j'ai filé et me voilà !

Tout en parlant, Olibrius tira de dessous sa blouse une grande feuille de papier rose pliée en huit, il la défripa et étala sous les yeux de Fra-Diavolo l'affiche suivante dans toute sa splendeur :

THÉATRE DU LUXEMBOURG

PREMIÈRE REPRÉSENTATION DE

MADELINETTE

ou

LA GRISETTE DU QUARTIER LATIN

Vaudeville en trois actes

Melle PIVOINE

Débutera dans le rôle de **Madelinette**

On commencera par

PIGOLO

Vaudeville en un acte, de M. X***.

MADELINETTE sera jouée à 8 heures précises.

— Pivoine! s'écria le peintre, ce nom est original, donc il me plaît! Connais-tu cette jeune actrice, Olibrius?

— Comment voulez-vous que je la connaisse? est-ce que vous me donnez de l'argent pour me payer le spectacle?

— Non, mais je te soupçonne de hanter les abords du théâtre à l'heure des répétitions, surtout les jours de boue.

— Pourquoi faire?

— Pour étudier sur nature les tibias des actrices, jeune volcan!

— Ma foi, non!

— Bien sûr?

— Parole!

— Au fait, ça m'est tout à fait égal, mais l'heure se passe, il est bientôt temps de penser à ma toilette; procédons à cet acte.

— Et dîner?

— Je n'ai pas faim, je souperai en rentrant. Qu'y a-t-il dans le buffet?

— Du pain d'hier et du fromage d'Italie pour quatre sous.

— Tu en mangeras une moitié et tu me laisseras l'autre.

— C'est entendu.

— Maintenant, donne-moi un conseil, Olibrius.

— Je le veux bien.

— Quel habit puis-je revêtir, selon toi ?
— Hein ?
— Je te demande quel habit...
— Vous devez revêtir ? j'ai parfaitement entendu.
— Eh bien alors ?
— Mais je n'ai pas compris.
— Comment ?...
— Vous avez donc plusieurs habits à présent.
— Non, je n'en ai qu'un.
— Vert ?
— Oui.
— A boutons ciselés ?
— Sans doute.
— C'est le seul ?
— Parbleu !
— Choisissez celui-là.

— Tu as parfaitement raison ; — apporte-moi ce vêtement de luxe, afin que je vérifie un peu son degré de conservation.

Olibrius apporta l'habit, et, sur un geste de son maître, le fit endosser au mannequin.

Fra-Diavolo tourna tout autour et jeta un regard à la fois attendri et satisfait sur ce vieux, sur ce fidèle compagnon.

— Sais-tu qu'il est fort élégant, cet habit ? — dit-il tout d'un coup, — rien n'y manque. — La coupe en est audacieuse, — les piqûres solides, — les boutons d'un modèle irréprochable ! je l'ai fait faire en un jour de prospérité! — on venait de me payer cinquante écus un tableau, un chef-d'œuvre.

Que les temps sont changés !

Et un soupir accompagna cette classique citation.

— Il me semble que les coutures ont un peu blanchi, — hasarda Olibrius.

— Crois-tu? — C'est possible... nous allons y remédier...

— Comment ?

— Tu verras, — prépare-moi du vert de la même nuance que l'habit sur la palette à l'aquarelle.

Olibrius eut fait en un instant.

Fra-Diavolo prit alors un pinceau et restitua séance tenante aux coutures avariées leur fraîcheur primitive.

— Tout va bien ! — dit-il, — donne-moi mon pantalon blanc.

— Il est sale.

— *Non d'un petit bonhomme d'un sou !* voilà qui est fâcheux ! — c'est égal, montre-moi cet *inexpressible*.

Vérification faite, il fut reconnu que le coutil jadis blanc était arrivé peu à peu à une teinte nankin fort originale.

Fra-Diavolo n'était pas homme à s'embarrasser pour si peu de chose. — Il prépara de la couleur rose et exécuta sur le pantalon, au grand ébahissement d'Olibrius, une multitude de raies qui dissimulèrent tant bien que mal la propreté suspecte de l'étoffe.

— De mieux en mieux, fit-il alors, passons au gilet maintenant.

— Il n'y en a pas.

— Comment, il n'y en pas ?

— Non.

— Voilà qui est fort ! j'en ai confié deux à la blanchisseuse, avec quatre faux cols, il y a plus de quinze jours.

— Oui, et la blanchisseuse est venue les rapporter la semaine dernière, je n'ai pas pensé à vous le dire.

— Eh bien ?

— Eh bien, elle a prétendu que vous lui devez déjà quarante et un francs soixante et quinze centimes, et elle a ajouté qu'elle garderait le linge jusqu'à ce que vous lui donniez un fort à-compte.

— Vertu, tu n'es qu'un mot ! s'écria l'artiste, une femme à qui j'ai proposé mon amour !

O tempora ! ô mores !..

— Donne-moi du papier blanc et des ciseaux.

— Voici.

— Maintenant cherche au fond de la malle aux débarras un antique gilet de velours en lambeaux dont aucun marchand d'habits n'a voulu faire emplette.

— Voilà.

Fra-Diavalo étendit sur la table le haillon que lui présentait le rapin, et découpa le papier blanc en calquant avec exactitude les contours de l'ex-vêtement.

— Olibrius, dit-il en terminant, tu vas me peindre sur ceci quelque chose de riche et de miroitant, un damas à la Paul Véronèse, et vite.

Tandis qu'Olibrus obéissait, le maître du lieu passa en revue une paire de bottes et une paire de souliers, et s'aperçut avec chagrin que ces chaussures souriaient d'une façon lamentable.

Mais l'industrie de Fra-Diavolo ne se trouva point en défaut.

Il ne pouvait dissimuler les crevasses béantes, il prit le parti de les rendre invraisemblables, et il passa sur le cuir endommagé une double couche de vernis à tableaux, supposant fort judicieusement qu'on ne soupçonnerait point les trous de ces bottes étincelantes.

Ces préparatifs achevés, Fra-Diavolo revêtit le pantalon, s'ajusta une cravate de satin noir à fleurs, toute fanée, mais qu'il termina par un nœud ébouriffant.

Il assujettit avec des épingles le semblant de gilet qu'Olibrius venait d'enluminer et qui jouait le lampas à s'y méprendre, il lissa ses longs cheveux noirs, en massa et en régularisa les boucles luxuriantes. Il solidifia avec du vernis les courbes conquérantes de sa moustache, endossa son habit, chercha des gants et n'en trouva qu'un, qu'il se décida à porter à la main droite, devant dissimumuler l'autre main dans les profondeurs de la poche gauche.

Il se coiffa de son feutre à larges bords qu'il posa de côté sur l'oreille droite à la façon des portraits de Van-Dick, et enfin, il dit à Olibrius :

— Tu mettras de l'ordre dans l'atelier, beaucoup d'ordre...

— Pourquoi donc ça?

— Parce qu'il serait possible que je ne rentrasse pas seul! répliqua Fra-Diavolo d'un air fat.

— Suffit! on s'y conformera.

— Maintenant plie l'affiche que tu as volée, et donne-la-moi.

— Est-ce que vous comptez la restituer à l'administration du théâtre, par hasard?

— Non, je compte seulement m'économiser l'achat coûteux d'un *Entr'acte* en m'en servant comme de programme...

— Ah! c't' idée!

— Ce sera du meilleur goût. Bonsoir, Olibrius.

— Bonsoir, maître, et bonne chance.

— Merci.

Fra-Diavolo descendit l'escalier en fredonnant :

> Viens, gentille dame,
> Viens, je t'attends !

Et s'achemina vers le théâtre du Luxembourg avec force mouvements d'épaules d'une allure tout à fait talon rouge et Louis XV.

UN MYSTÈRE

Fra-Diavolo arriva au théâtre.

Il regarda d'un air souverainement dédaigneux la demi-douzaine de boutiquiers et de grisettes qui faisaient la queue pour prendre leurs billets au bureau.

Il assujettit sur l'oreille droite d'une façon encore un peu plus exagérée son feutre aux larges ailes. Il cligna de l'œil pour afficher des prétentions à la myopie, ce qui selon lui était très-bien porté, et enfin il se présenta au contrôle où il exhiba son coupon devant les employés, stupéfaits de ces allures et de cette prestance excentriques.

— Avant-scène de quatre places, dit le contrôleur, monsieur est seul?

— Vous voyez.

— Monsieur attend-il quelqu'un ?

— Jamais ! s'écria l'artiste d'un air outragé ; quand j'honore de ma présence de petits spectacles comme celui-ci, je prends toujours pour moi seul une avant-scène entière ! sans cela ce serait d'un commun ! Ah ! pouah !

Et Fra-Diavolo, après avoir accompagné ces dernières paroles d'un formidable écart de poitrine, s'élança dans l'escalier qu'on lui désigna et envahit l'avant-scène dont la porte se referma sur lui au milieu des saluts empressés de l'ouvreuse de loges, éblouie par les charmes naturels et artificiels de notre personnage.

Le spectacle n'était point commencé.

La salle était à peu près vide, et l'orchestre non encore garni de ses quatre exécutants.

Fra-Diavolo regretta fort d'être venu d'aussi bonne heure ; il se dit qu'il avait *manqué son entrée* et *raté* son effet (termes de coulisses) ; il avait presque envie de s'en aller pour revenir un quart d'heure après, cependant il se décida à rester et s'organisa de façon à *poser* confortablement quand le moment en serait venu.

Pour cela faire, il s'étendit à moitié dans une attitude négligée sur la banquette du fond de la loge.

(Au théâtre du Luxembourg, autrement nommé : *Bobino*, il y a des banquettes dans les avant-scènes.)

Il croisa ses jambes, déboutonna son habit, mais le reboutonna au plus vite en s'apercevant qu'il y avait une effrayante solution de continuité entre plusieurs des plis de sa chemise, et tirant de sa poche l'affiche rapportée par Olibrius, il la déplia et se mit à la parcourir d'un œil distrait et nonchalant.

Tout à coup un grand bruit et un grand mouvement lui firent relever la tête.

La salle tout entière, stalles d'orchestre, galeries et loges, était envahie par une population joyeuse et turbulente.

C'étaient MM. les étudiants en compagnie de mesdames leurs étudiantes.

L'épanouissement excessif de *ces ménages* du quartier latin témoignait d'un dîner succulent chez PINSON, chez DAGNEAUX, chez MAGNY, chez le moins somptueux MARTIN ou dans tout autre caravansérail culinaire du noble faubourg.

Deux couples avaient fait élection de domicile dans l'avant-scène contiguë à celle où trônait Fra-Diavolo.

Les hommes étaient de grands jeunes gens à la mise élégante mais débraillée.

Les femmes, jolies toutes deux, démentaient, par leur trop complet laisser-aller et par le peu de mesure de leurs exclamations, ce qu'aurait pu faire supposer la demi-distinction de leur tournure et le quasi bon goût de leurs toilettes.

Ces messieurs étaient probablement des étudiants, fils de famille et viveurs, escortés de lorettes d'outre-Seine.

Fra-Diavolo les écoutait et les regardait avec une curiosité envieuse.

— Paul, mon bibi! disait une des jeunes femmes, j'ai bien soif.

— Déjà!

— Sans doute.

— Qu'est-ce que tu veux boire?

— Oh! mon Dieu, ce que tu voudras, n'importe quoi!

— De la bière?

— Non.

— De l'orgeat?

— Non.

— De la limonade?

— Pas davantage.

— Mais, enfin, quoi donc? Tu es insupportable, Florence!

— Demande du sirop d'ananas.

— Tu es folle! il n'y en a pas ici.

— Tu crois?

— J'en suis sûr.

— Eh bien, alors, je me contenterai d'un grog au rhum, avec quelques cerises à l'eau-de-vie.

— Je vais te les faire apporter.

— En même temps, achète-moi des oranges, des biscuits, des échaudés, des marrons glacés, des macarons, de la galette et du sucre d'orge.

— Tu as donc autant faim que soif?

— Mon Dieu non, c'est pour m'amuser un moment, en attendant que nous allions souper à la Maison-d'Or, car nous irons souper, n'est-ce pas?

— Certainement.

— Eh bien, Paul, mon chéri, va vite!

Paul quitta l'avant-scène en récapitulant dans sa mémoire les différents objets qui venaient de lui être demandés.

— Alfred, mon gros chat, dit à son tour la seconde Lorette.

— Qu'est-ce que tu veux, Minette?

— Je m'ennuie!

— C'est gracieux pour moi.

— Bête! ça n'est pas ça que je veux dire, mais je voudrais qu'on commençât le spectacle; ça sent mauvais, ici!

— On commencera dans un instant.

— Demande un *Entr'acte*.

Alfred ouvrit la porte de la loge et appela l'ouvreuse.

En ce moment, Paul reparaissait chargé de provisions.

On apporta le journal.

Florence mangea, Minette lut, toutes deux burent.

— As-tu vu ce pauvre Arsène, aujourd'hui? demanda Alfred à son ami Paul.

— Non; il m'a seulement écrit un mot en m'envoyant des billets.

— Comme à moi. Nous le verrons sans doute ce soir.

— Ça n'est pas douteux. Il est probablement dans les coulisses, à l'heure qu'il est.

— Pardieu ! près de sa belle, de sa *Pivoine*.
— Je ne la connais pas, *Pivoine*, et toi ?
— Moi, si, je l'ai vue une fois.
— Où donc ?
— Chez Arsène.
— Elle est jolie, n'est-ce pas ?
— Comme un ange.
— Et coquette ?
— Comme un démon.
— Est-ce que tu la crois amoureuse d'Arsène ?
— Amoureuse ! allons donc !
— Alors, selon toi, elle l'exploite ?

— C'est le mot, et puis elle s'est mise avec lui pour qu'il la fasse débuter. C'est une position pour une femme que le théâtre !

— A Bobino ! avec vingt-cinq francs d'appointements par mois ! Farceur !

— Oui, mais tu comptes pour rien les *feux*...

— Qu'elle inspire ! ah ! ah ! très-joli !

— Ce pauvre Arsène ! le cœur doit lui battre joliment fort au moment de la première représentation de sa pièce !

— C'est assez naturel.
— A propos, crois-tu qu'elle réussisse, sa pièce ?
— Non, pardieu pas !
— Pourquoi donc ?
— Parce que c'est toujours mauvais, les vaudevilles

d'amateur, et qu'Arsène Bâchu n'est pas de force à faire exception.

— Oui, mais comme presque tous les billets ont été distribués par lui à des amis, il est certain qu'on ne sifflera pas.

— Quelle bêtise! est-ce que tu crois que nous avons vendu notre droit de libre critique au prix d'un billet de trente sous?

— Au fait, ça serait bon marché!

— Quant à moi, je sifflerai de toutes mes forces si la pièce est détestable...

— Elle le sera.

— Soyons justes!

— Et pour être justes, sifflons.

— Dans son intérêt même...

— C'est évident, afin de l'empêcher de faire une seconde boulette.

— C'est convenu; ce pauvre Arsène! ça me fera vraiment de la peine, mais l'impartialité avant tout! — nous sifflerons.

Tandis qu'avait lieu entre les bons amis d'Arsène Bâchu la conversation précédente, — conversation qui se reproduit presque sans variantes à tous les débuts littéraires, — quelque chose d'étrange et de mystérieux se passait dans la loge de Fra-Diavolo.

Une vieille femme à la mine discrète, — au nez barbouillé de tabac et couronné de besicles de cuivre, — au bonnet *ruché* et surmonté de rubans à la mode de

1820, entr'ouvrit à demi la porte de l'avant-scène, avança dans la pénombre son buste drapé d'un antique tartan et jeta du bout des lèvres cette appellation bien connue, qui peut s'orthographier ainsi :

— *Psit* !

— Hein ? — demanda Fra-Diavolo en se retournant.

— Monsieur ?..

— Quoi ?

— C'est-il vous qui l'êtes ?

— Qui ?

— Le jeune homme ?

— Quel jeune homme ?

— L'*artisse*, enfin...

— Artiste, je le suis.

— Alors voilà.

Et la vieille femme tendit quelque chose à Fra-Diavolo.

— Qu'est-ce ? demanda-t-il.

— Le bouquet.

— Quel bouquet ?

— Celui de la dame.

— Quelle dame ?

— Vous le savez bien.

— Le diable m'emporte si je vous comprends ! Expliquez-vous, ma brave femme !

— Inutile... c'est pour le troisième acte.

— De quoi ?

— De *Madelinette*. — Après la grande scène...

— Eh bien ?

— Vous le jetterez.
— A qui?
— Farceur ! ! !

Et la vieille referma la porte, laissant entre les mains de Fra-Diavolo stupéfait un bouquet magnifique dans son enveloppe de papier blanc.

IV

UNE PREMIÈRE REPRÉSENTATION.

Au moment où l'aventure dans laquelle se trouvait engagé Fra-Diavolo prenait une tournure de plus en plus romanesque, et tandis que le jeune peintre cherchait vainement à deviner le mot de ce logogriphe en action, les trois coups cabalistiques avaient été frappés derrière la toile, et messieurs les musiciens opéraient une mélodie fantastique fort propre sans contredit à mettre en fuite tous les dilettanti du Théâtre-Italien.

L'ouverture achevée, on commença le premier acte de *Picolo*.

Nous n'avons point à nous occuper de cette pièce qui, sans être un chef-d'œuvre, damait cependant le pion aux productions de certains vaudevillistes, hommes-wagons, machines à vapeur littéraire, d'une force de cent vingt chevaux, fabriquant la comédie, le mélodrame, la revue, la féerie et la parade, le tout dans les plus brefs détails et aux prix les moins modérés.

Fra-Diavolo allait rarement au spectacle, et pour cause; aussi, au bout de peu d'instants, l'intérêt dramatique l'absorbait uniquement. — Il était tout entier à la pièce dont les péripéties se déroulaient sur la scène, — il prenait la part la plus vive aux tragi-comiques événements parmi lesquels se dessinait le jeune Picolo, vertueux et tendre Italien de la plus belle espérance.

Il posa donc le bouquet sur la banquette derrière lui, il s'accouda au rebord de son avant-scène, et il oublia complétement qu'il était acteur lui-même dans une autre comédie dont il ignorait le dénouement et dont il ne connaissait pas l'auteur.

Picolo fut achevé :

On commença l'entr'acte.

Cet entr'acte, comme tous ceux qui précèdent une première représentation, fut d'une longueur démesurée.

Règle générale, en semblable occurrence, surtout dans les tout petits théâtres, le public s'impatiente et témoigne son mécontentement par des cris de toute sorte, par des frappements de pieds réitérés, souvent par des vociférations et des hurlements quasi-sauvages.

Or, le public a tort.

En effet, s'il se doutait seulement de ce qui se passe derrière le rideau pendant cette suprême demi-heure qui paraît si longue;

S'il voyait les machinistes, tout couverts de sueur et de poussière, *plantant* à grand'peine un décor neuf qui ne s'ajuste pas encore bien aux *portants*, aux *poulies*, à tout cet appareil inconnu, squelette de ces merveilleux aspects, dont les toiles peintes par Séchan, Dieterle, Desplechins, Ciceri, ou Devoir, sont les chairs animées et brillantes;

S'il voyait la jeune première repassant précipitamment son rôle dont l'émotion vient de faire dans sa mémoire troublée un pêle-mêle confus.

L'ingénue lissant ses fausses nattes et terminant, à grand renfort de blanc de céruse et de rouge végétal, ce teint de lis et de roses qui doit enflammer les *jobards* de l'orchestre;

S'il voyait le comique à demi-*grimé*, répétant devant la glace de sa loge sa grimace à effet;

L'auteur tremblant, se donnant au diable et cherchant à inspirer aux acteurs de la pièce un courage qu'il n'a pas lui-même;

Le directeur tempêtant;

Les garçons de théâtre préparant à la hâte — la lettre, — le bouquet *virginal*, — le poulet froid, — la pièce de cent sous, — tous les accessoires enfin l'un vaudeville ou d'un drame un peu bien situés;

Si le public, — disons-nous, — voyait, devinait tout cela, il ferait acte de générosité, en se résignant d'une façon discrète à une attente de quelques minutes.

Mais le public, sultan blasé, ne voit, ne devine rien,

— il trépigne, il se fâche, et en cela, — nous le répétons, — il a tort.

Cependant l'entr'acte s'était achevé; — on joua un semblant d'ouverture que quelques amateurs exercés déclarèrent être celle de l'Opéra du *jeune Henri*, et la toile se leva pour le premier acte de MADELINETTE ou *la Grisette du quartier Latin.*

Les bruits de la salle s'éteignirent peu à peu, — l'attention de Fra-Diavolo redoubla.

Ici, quelques mots du décor :

Le théâtre représente une chambre d'étudiant, dans un hôtel peu garni de la rue Saint-Jacques.

Au milieu de cette chambre est une table couverte des apprêts d'un souper de carnaval.

Un costume de *débardeur* s'étale sur une chaise à côté d'un habit de *Pierrot*.

Au fond, une alcôve fermée dont les panneaux son percés de deux lucarnes ou œils-de-bœuf.

Le maître du logis et un de ses amis, jeunes tous deux, étudiants tous deux, riches de cette gaie misère qui faisait dire à Béranger :

Dans un grenier qu'on est bien à vingt ans !

échangent de joyeux propos et se réjouissent d'avance des plaisirs d'une folle nuit de bal.

Le Prado les appelle, mais ils n'iront pas seuls.

La table, toute prête, attend quatre convives.

Rosine va venir, et avec elle, la perle du quartier Latin, *Madelinette* aux yeux d'azur, aux cheveux d'ébène et au cœur d'or.

Arthur, l'un des étudiants, est, comme de raison, amoureux de la jolie fille en l'honneur de laquelle il chante un long couplet de facture, sur un air trop connu :

. . . .

Madelinette,
Franche Coquette,
A tous ses pas attache un amoureux !
Chacun réclame
Un peu de flamme,
Mais elle en rit et me rend seul heureux !
Pauvres jaloux, courez, courez la ville,
Fouillez partout, cherchez qui la vaudra !
Gardez pour vous les reines de Mabille
Et les houris du bal de l'Opéra,
Car ma grisette,
Madelinette,
Est bien à moi, tout à moi, rien qu'à moi !
Enchanteresse,
O ma maîtresse,
Tu m'appartiens comme la France au roi ! etc.

Cela est infiniment médiocre, cependant notre devoir de narrateur impartial, nous oblige de convenir que le public applaudit.

Sauf cependant, bien entendu, les amis de l'auteur, placés dans l'avant-scène contiguë à celle de Fra-Diavolo, et qui rappellent le public à l'ordre par des : *chut!* réitérés.

Or, l'artiste, subjugué par les habits neufs de ses voisins et la luxueuse toilette de leurs compagnes, pense qu'il est du meilleur goût d'exprimer une certaine improbation et se laisse aller à un : *peuh!* significatif.

Cependant la scène marche.

Une voix douce et vibrante fredonne à la cantonnade ce refrain populaire :

> Messieurs les étudiants
> S'en vont à la Chaumière...

La porte s'ouvre, non sans bruit, et deux jolies filles font leur entrée sur le théâtre.

L'une d'elles est *Rosine*, belle blonde aux charmes fortement accusés, à la tournure provocante.

L'autre est *Madelinette*, ou pour mieux dire la débutante PIVOINE.

Il est impossible de voir une femme sinon plus belle, du moins plus charmante que cette dernière.

Figurez-vous la réalisation parfaite de ce type charmant créé par Gavarni.

Une taille moyenne, fine, souple, cambrée, avec ce buste à lignes courbes et ces hanches mobiles qui semblent ne devoir être à leur aise que sous le pantalon de velours du débardeur de l'Opéra.

Un visage frais et velouté comme une pêche, une bouche fine et moqueuse avec des lèvres aussi rouges qu'une grenade en fleur, découvrant presque sans cesse des petites dents blanches comme du lait.

Sous un front pur, sous un front d'enfant, de grands yeux bleus, tantôt presque timides, tantôt voilant leur profond azur d'un nuage de désirs et de volupté.

Des cheveux noirs d'une prodigieuse opulence, dont les longues et soyeuses nattes se tordent quatre fois comme des serpents de velours autour de cette tête charmante qu'ils couronnent d'un divin diadème.

Des mains et des pieds d'une suffisante petitesse et d'une forme très-pure.

Avec tout cela le costume coquet de la grisette de convention, telle que nous la voyons au théâtre dans tous les vaudevilles, c'est-à-dire, une robe de soie d'une merveilleuse indiscrétion, un petit tablier coquet et un grand châle qui ne tient pas sur les épaules.

Voilà Pivoine au moment de son entrée en scène.

Tous les jeunes gens qui sont dans la salle applaudissent.

Plus d'une femme fait la moue et pince son amant.

Fra-Diavolo ébloui dévore l'actrice de tous ses yeux, et sa tête s'égare à demi, quant il sent le regard de la jeune fille s'arrêter sur lui pendant une seconde avec une intention évidemment bienveillante.

Un instant interrompue par les bravos adressés à Pivoine, la pièce reprend son cours.

Madelinette saisit un prétexte pour raconter son histoire au public.

Elle est née à Marseille. — Son père était un riche commerçant.

Ruiné par l'infâme abus de confiance d'un associé qui a disparu en emportant toute sa fortune, il est mort de douleur.

Peu de temps après, la mère de *Madelinette* l'a suivi dans la tombe, et la pauvre fille, alors tout enfant, est arrivée à Paris, où elle a été élevée par charité.

L'âge des amours est venu cependant. On a dit à *Madelinette* qu'elle était belle et qu'elle serait adorée. Elle a prêté l'oreille aux doux propos, aux tendres paroles, elle a donné son cœur, à un d'abord, puis à un autre, et elle est devenue ainsi joyeuse et folle grisette, l'héroïne des bals de la Chaumière, la reine du quartier Latin.

Mais parfois un souvenir se glisse parmi les beaux rêves de *Madelinette* et voile son regard de tristesse, c'est le souvenir de sa mère.

Parfois, au milieu des accords de la contredanse, parmi les notes sautillantes de la polka, *Madelinette* entend une voix qui lui dit que ce n'est point à une semblable vie qu'elle était destinée, et alors son cavalier du bal s'étonne de voir s'évanouir l'insouciante gaieté de la jolie danseuse, et les convives du souper lui demandent pourquoi elle repose sur la table son verre encore plein de champagne.

Et dans ces moments-là *Madelinette* voudrait pleurer, et elle se prend à maudire l'homme dont elle n'a point oublié le nom, et qui a volé à son père la fortune et la vie, à elle le bonheur.

Madelinette est au moment de devenir la maîtresse d'*Arthur*. Si elle ne lui a point encore cédé, c'est d'abord parce qu'il est bon de se faire quelque peu désirer, et puis ensuite parce que ces messieurs *les censeurs* auraient frappé la pièce de leur *veto* administratif, si le mariage au treizième arrondissement eût été consommé.

Il y a quelque mérite, d'ailleurs, de la part de *Madelinette* à aimer Arthur et à le lui prouver, car, pour venir visiter la chambrette de l'étudiant, elle refuse des propositions fort brillantes.

Un vieux monsieur, célibataire et riche, *Oscar Pharamond*, lui fit une cour assidue, mais elle répond :

— *Zut!* Avec ce geste inimitable du gamin de Paris, geste qui s'exécute en appuyant sur le bout du nez le pouce de la main droite, en faisant décrire un mouvement rapide aux quatre autres doigts de la main.

Rosine, la compagne de *Madelinette*, se trouve dans une position parfaitement semblable.

Pour les beaux yeux de *Frédéric*, l'ami d'*Arthur*, elle décline généreusement les offres séduisantes de M. *Hector Charlemage*, autre célibataire, tout aussi vieux et tout aussi riche que le sieur *Pharamond*.

Quant à *Arthur*, nous disions tout à l'heure qu'il n'avait pas le sou, il a moins que cela, car ayant follement souscrit une lettre de change à l'ordre d'un certain *Bigorneau* qu'il ne connaît point (lettre de change qu'il n'a pas payée), il est poursuivi depuis la fatale échéance, il cache son domicile à tout le monde, excepté à quelques amis, dans l'espoir d'échapper aux gardes du commerce.

Patatras!!!

On entend un grand bruit dans l'escalier. C'est quelqu'un qui tombe ; en même temps une voix plaintive appelle le maître du logis.

Arthur ouvre la porte.

Madelinette et *Rosine* se cachent précipitamment dans l'alcôve fermée, située au fond du théâtre.

Arthur rentre avec un nouveau personnage qui s'appuie sur son bras, et dont la comique apparence fait rire aux éclats la salle tout entière.

C'est un petit vieillard prétentieux et grotesque, une sorte de ci-devant jeune homme en perruque blonde frisée et en pantalon collant.

Il a roulé dans l'escalier, son chapeau est devenu un *Gibus* pur sang, sa perruque blonde a changé de position, son habit vient de craquer au milieu du dos et son pantalon s'est fendu aux genoux.

Athanase Robinet, tel est le nom de ce quidam, a lié connaissance avec *Arthur* dans un estaminet, et le poursuit partout du récit de ses soi-disant bonnes fortunes.

Ce soir-là, il vient proposer au jeune homme de souper à frais communs et d'aller ensuite au Prado, car malgré ses rhumatismes, *Athanase Robinet* court les bals et jure à toutes les grisettes qu'il les trouve adorables et qu'il fera leur bonheur, si elles veulent le rendre heureux.

Comme il nous est impossible de suivre pas à pas l'intrigue fort compliquée de la pièce, sous peine d'être à la fois prolixes, obscurs et parfaitement ennuyeux, disons tout de suite à nos lecteurs, que MM. *Oscar Pharamond*, le courtisan de *Madelinette*, *Hector Charlemagne*, le poursuivant de *Rosine*, *Bigorneau*, le créancier d'*Arthur*, et enfin *Athanase Robinet*, le soi-disant ami du même jeune homme, ne sont qu'un seul et même personnage, qui change continuellement, et pour cause, de pseudonymes et d'allures.

Le lendemain, au point du jour, *Athanase* ou plutôt *Bigorneau*, doit faire arrêter son débiteur par un garde du commerce prévenu d'avance et aposté tout exprès à la porte du Prado.

Les jeunes filles, qui ont reconnu leur commun adorateur, quittent leur retraite, déguisées et masquées, et intriguent à qui mieux mieux le séducteur hors d'âge qu'elles accablent de sarcasmes les plus féroces.

On soupe; *Arthur* et *Frédéric* se costument.

On loge *Robinet* dans une casaque de *Pierrot;* les cinq personnages partent pour le Prado, et la toile tombe sur la fin du premier acte.

Tout cela n'est, on le voit, ni bien neuf, ni bien habilement agencé.

Cependant Pivoine est si piquante en débardeur, que le public applaudit de nouveau.

V

UN BAISSER DE RIDEAU.

Fra-Diavolo était tellement ébloui et fasciné par le charme sans pareil et par la grâce de Pivoine, qu'il resta la bouche béante et les yeux fixés sur la toile longtemps après la chute du rideau, et que c'est seulement alors que le dernier applaudissement se fut perdu dans le bruit des conversations générales qu'il se décida à crier à trois reprises et de toute sa voix :

— Bravo! bravo! bravo!

On regarda, on s'étonna, on rit, et, après avoir applaudi Pivoine, on applaudit Fra-Diavolo.

Cependant, les occupations du précédent entr'acte avaient été reprises dans l'avant-scène contiguë à celle de Fra-Diavolo.

Mademoiselle Florence mangeait des marrons glacés

et jetait dans le parterre des morceaux de sucre de pomme, au grand *esbaudissement* des gamins de l'endroit.

Mademoiselle Minette, après avoir dévoré *l'Entr'acte* (le journal), avait fait acheter *le Moniteur du soir*, et s'enfonçait avec acharnement dans ses colonnes semi-officielles.

Paul emmena son ami Alfred dans un coin de la loge et lui dit à demi-voix, d'un air confidentiel :

— Sapristi ! que voilà donc une belle fille !

— Ah ! oui ! répondit Alfred, ah ! oui ! ah ! oui !

— Quelle tête !

— Quels yeux !

— Et la bouche ! voilà ce qui peut s'appeler une bouche !

— Ne m'en parle pas, mon ami, tu m'électrises !

— Et les cheveux ! as-tu fait attention aux cheveux ?

— S'ils ne sont pas faux, je n'en ai jamais rencontré de pareils.

— Je réponds de leur authenticité corps pour corps.

— Et la taille, donc !

— Si fine et si ronde ! si svelte et si corsée !

— Comme on voit bien, au premier coup d'œil, que le coton n'y est pour rien !

— Et comme on devine que la crinoline lui est aussi complétement étrangère qu'à la Vénus Callipyge elle-même !

3.

— Sapristi! il faut convenir que ce polisson d'Arsène est un bienheureux drôle!

— Avoir pour maîtresse la plus jolie créature de Paris...

— Lui qui n'est pas beau du tout!

— Et qui se croit farci d'esprit...

— Quoiqu'il en manque totalement!

— Heureusement qu'on peut la lui enlever, sa Pivoine...

— Et que rien n'est plus facile...

— Et que ce sera bientôt fait!

A ces quelques mots, qui exprimaient très-clairement leur commune pensée et posaient pour ainsi dire les jalons d'une rivalité future, les deux amis échangèrent un coup d'œil méfiant.

Mais en ce moment, mademoiselle Florence abandonna pour une minute son sac de marrons glacés, et dit en se tournant vers les jeunes gens :

— Ah çà! qu'est-ce que vous avez donc à comploter comme ça, là-bas, dans votre coin?

— Nous ne complotons pas, répondit Paul, nous causons.

— Et de quoi, s'il vous plaît? De quelque *trait* que vous voulez nous faire, vilains monstres!

— Ah! par exemple! si l'on peut dire! Nous parlons de M. Duranton, du *Jus Romanum,* des *Institutes* et des cours de troisième année.

— En voilà une *blague!* Vous parlez de l'École de

droit comme je danse ! Je parie plutôt que vous êtes sur le chapitre des qualités et perfections de cette mijaurée de Pivoine ! une cabotine qui n'a que la beauté du diable, et qui est effrontée comme je ne sais quoi ! Allez, je vous connais, beaux masques !

— Mais je t'assure...

— Taisez-vous plutôt, ça vaudra mieux que de mentir ! Tiens, à propos de cette Pivoine, voilà son *monsieur* qui arrive dans une avant-scène.

— Vous le connaissez, Florence ?

— Pardieu ! on me l'a montré l'autre jour.

— Où ça ?

— Dans un bal.

— Vous allez donc au bal sans moi ?

— Voilà-t-il pas une belle affaire ! c'était chez une amie !

Laissons continuer la conversation, qui ne tarda point à dégénérer en une dispute quasi conjugale, et occupons-nous du nouveau venu, qui doit jouer dans notre récit un des rôles les plus importants.

Arsène Bâchu, car en effet c'était bien lui, prit place dans une avant-scène restée vide jusqu'à ce moment et située précisément en face de celles occupées par l'artiste et par les étudiants.

Arsène était un garçon de vingt-quatre à vingt-cinq ans, long, blême, à la figure fade et insignifiante, aux cheveux longs et plats.

Sa toilette était d'une recherche ridicule. Il portait des

gants paille, il avait de larges manchettes retroussées sur les poignets de son habit, et il se servait presque perpétuellement d'un énorme lorgnon d'écaille suspendu à un ruban noir et sautillant sur sa poitrine à chacun de ses mouvements.

L'aimable personnage que nous venons de décrire parcourut la salle du regard à travers son lorgnon, et adressa à droite et à gauche, à tous les visages de connaissance, un petit salut vaniteux et protecteur.

— L'animal ! — dit Paul à Alfred, — il se croit donc bien sûr du succès de sa pièce, qu'il vient dès la fin du premier acte faire la roue et parader.

— Je donnerais beaucoup pour entendre siffler.

— Dame ! il est très-possible qu'on siffle ! — le parterre n'est pas déjà si bien disposé et, sans Pivoine, je ne sais ma foi ce qui serait arrivé déjà.

L'orchestre coupa la parole à Alfred, qui s'apprêtait à répondre, et la toile se leva pour le second acte de *Madelinette.*

Nous sommes au Prado pendant une nuit de bal masqué.

Douze ou quinze figurants s'évertuent à représenter la foule joyeuse et enivrée qui bondit et tourbillonne aux accords tempêtueux du *quadrille des Pierrots.*

Dans le fond passe et repasse, — sombre et muet comme l'ombre de Banquo, — un individu de mine suspecte.

C'est le garde du commerce qui surveille et qui guette sa proie.

Les principaux personnages de la pièce, — nous voulons dire, *Arthur, Frédéric, Robinet, Madelinette* et *Rosine*, — arrivent en scène.

L'intrigue se noue et s'enchevêtre.

Les deux folles jeunes filles se livrent derechef aux plus audacieuses mystifications, à l'endroit du pauvre *Robinet* qui se croit adoré.

Bref, quand arrive le point du jour, il se trouve que, grâce à un changement de costume qu'il suppose indispensable pour la réussite de ses projets galants, c'est *Robinet* qui est empoigné par le garde du commerce, tandis qu'*Arthur* s'en va tranquillement et parfaitement libre.

L'acte finit, comme de raison, juste au moment de l'arrestation du malheureux créancier.

L'entr'acte est court.

Quand la toile se relève, nous nous trouvons chez *Robinet* qui est enfin parvenu à se faire relâcher.

Mais chez lui *Robinet* reprend son véritable nom de *Bigorneau*, il cesse d'être célibataire pour se trouver bien réellement, et depuis longues années, en pouvoir de femme.

Le hasard ou plutôt ce *deus ex machinâ*, providence de tant de vaudevilles, amène dans ce logis d'usurier *Madelinette* et *Rosine*.

Les grisettes retrouvent dans *Bigorneau* le soi-disant

garçon qui les courtisait toutes deux, — ce qui rend fort difficile la position du vieux mari.

Arthur et *Frédéric* arrivent à leur tour.

Le premier a été complétement édifié sur la véritable position sociale de son ami prétendu.

Robinet, pris entre deux feux, perd la tête.

Mais ce n'est pas tout, et voici qu'à un mot imprudent qui échappe à l'usurier, *Madelinette* le reconnaît pour l'homme qui a volé la fortune de son père.

Robinet Bigorneau craint la police correctionnelle, et il a peur de sa femme.

Donc en le menaçant, tantôt de le conduire à la sixième chambre, tantôt de révéler à madame *Bigorneau* ses légèretés conjugales, on l'amène à composition.

Il restitue à *Madelinette* une partie notable du bien dont il l'a dépouillée.

Il déchire la lettre de change d'*Arthur*.

Il est bafoué, — honni, — mortifié, — désolé.

Les deux amants se marieront dans huit jours.

Madelinette ou plutôt Pivoine vient chanter le couplet final, on applaudit à tout rompre, et la toile tombe.

— L'auteur ! — l'auteur !

— Pivoine ! — Pivoine ! — crie-t-on de toutes parts.

Arsène Bâchu se gonfle dans son avant-scène.

Le rideau se relève. — Le nom du triomphateur est proclamé, et Pivoine reparaît escortée par le régisseur en habit noir.

En ce moment la porte de la loge de Fra-Diavolo s'ouvrit vivement et, pour la seconde fois, laissa passer une tête de vieille femme.

— Il est temps ! — dit une voix dans l'oreille de l'artiste.

— De quoi faire ? — demanda-t-il étonné.

— Le bouquet ! vite, le bouquet !

Fra-Diavolo saisit l'énorme bouquet qui lui avait été remis au commencement du spectacle et que, dans sa préoccupation, il avait complétement oublié.

Il le saisit, — disons-nous, — et le jeta sur la scène, au moment où d'autres bouquets pleuvaient de tous côtés, et où Arsène Bâchu précipitait aux pieds de l'actrice une véritable gerbe de roses mousseuses et de camélias.

Pendant un instant Pivoine s'arrêta indécise.

Son irrésolution fut courte.

Elle dédaigna les fleurs éparses devant elle, — passa d'un air indifférent à côté de la gerbe d'Arsène stupéfait, — ramassa le bouquet jeté par l'artiste, et légère, disparut dans la coulisse en lançant à Fra-Diavolo un de ces regards pareils aux flèches que les Parthes décochaient en fuyant.

VI

COUP D'ŒIL EN ARRIÈRE.

Il est un reproche qui nous a été adressé plus d'une fois à propos de nos livres précédents, et qui, selon toute apparence, atteindra de même le roman que nous publions aujourd'hui (1).

C'est le reproche d'immoralité.

Cette accusation nous paraissant souverainement injuste, nous allons y répondre une fois pour toutes, et en peu de lignes.

Un écrivain immoral, — du moins nous le pensons, — est celui qui s'attache à fausser les croyances et les principes de ceux qui lisent ses ouvrages.

Certes, nous ne sommes point de ceux qui nient la

(1) La première édition de ce livre a été publiée en 1848. — L'auteur avait vingt-quatre ans à peine. — Ceci doit être une excuse suffisante pour certaines théories un peu hasardées.

Providence et proclament à sa place le *hasard*, le *destin* ou la *fatalité*.

Comme, à notre point de vue, il n'y a que deux partis à prendre dans cette vie, celui du *doute* ou celui de la *croyance*, nous aimons mieux humilier notre faible raison que de nous jeter dans les sentiers perdus d'un scepticisme désespérant, et nous cherchons, humble dans notre foi, à voir partout la main de Dieu, alors même qu'elle semble laisser aller à la dérive et sans pilote les destinées humaines.

Certains romanciers affichent des opinions de tout point contraires à la nôtre, et, dans des livres dont il ne nous appartient point d'apprécier le mérite littéraire, mais qui nous ont, pour leur part, conduit à l'abîme dans lequel nous roulons, prennent à tâche de se faire les séides de la *fatalité*, en mettant sans cesse en présence le bien et le mal, le vice et la vertu, et en faisant systématiquement triompher le mauvais principe.

Or, nous le répétons, là où ils voient le hasard, nous voyons, nous, la Providence. Comme eux, nous admettons les faits, mais nous en voulons tirer des conclusions tout à fait différentes.

Voilà notre but.

Maintenant il est très-vrai que nous avons plus d'une fois mis en scène des personnages singulièrement vicieux et que les mœurs peintes par nous étaient souvent peu irréprochables.

Où est le mal?

Le plus grand mérite d'un romancier n'est-il pas de reproduire exactement la nature et de peindre des tableaux vrais?

Faut-il donc s'enfermer rigoureusement dans les sphères de la pure vertu et ne choisir que les types dignes du prix Monthyon?

Mais alors détruisez le vice en ce monde, abolissez tous les amours illégitimes, faites brûler dans les cœurs des flammes chastes et pures allumées sur les *autels de l'hyménée*, et les romans deviendront vertueux, comme la société dont ils daguerréotyperont l'image.

Jusque-là, ne vous effarouchez point et ne criez pas à l'immoralité, car, à votre compte, *Gil-Blas*, *Tom Jones*, *Clarisse Harlowe*, *Manon Lescaut* et les comédies de Molière seraient des œuvres immorales!

Restent *les détails* dont s'effarouchent quelques pruderies.

Qu'on nous permette de traiter fort irrévérencieusement ce dernier blâme; nous n'aimons point ces gens qui s'écrient avec *Tartuffe* :

> ... Couvrez ce sein que je ne saurais voir!
> Par de pareils objets les âmes sont blessées,
> Et cela fait venir de coupables pensées!

Et nous répondrons avec *Dorine* :

> Vous êtes donc bien tendre à la tentation,
> Et la chair sur vos sens fait grande impression;
> Certes, je ne sais pas quelle chaleur vous monte,
> Mais à convoiter, moi je ne suis pas si prompte,

Et je vous verrais nu, du haut jusques en bas,
Que toute votre peau ne me tenterait pas !

D'ailleurs, nous n'avons nullement la prétention d'écrire pour les jeunes filles. Les jeunes filles, à notre avis, ne doivent ouvrir aucun roman, et si elles en lisent en secret, si pour cela faire elles trompent leurs mères, si elles allument la nuit une bougie furtive pour feuilleter le livre caché sous leur chevet, d'avance elles sont perdues, et il importe peu que l'œuvre qu'elles parcourent soit *Grandisson* ou *l'Arétin*.

En voilà assez ; en voilà même trop. Pardon, lecteur, nous commençons.

———

C'était par l'une des dernières journées du mois de décembre de l'année 1845.

Le ciel était sombre et couvert, d'épais brouillards, s'élevant de la Seine, rampaient lourdement sur la grande ville, et, quoiqu'il ne fût guère que quatre heures de l'après-midi, la nuit approchait déjà.

En ce moment, une jeune et jolie fille, qui semblait épuisée de fatigue, arrivait à Paris par la barrière du Roule.

Cette jeune fille pouvait avoir tout au plus seize ans, et elle portait un costume qui, quoique très-simple, attirait, en raison de son originalité, la curiosité des badauds.

Ce costume consistait en une robe de laine à corsage brun et à jupe un peu courte rayée de blanc et de noir, laissant voir la naissance d'une jambe très-fine chaussée d'un bas bleu, et un pied charmant, malgré les gros souliers qui en exagéraient les proportions.

Un grand bonnet normand et un fichu d'indienne à fleurs, complétaient la toilette de la jeune fille, laquelle tenait sur son épaule gauche, au bout d'un petit bâton de coudrier, un paquet peu volumineux enveloppé dans un mouchoir à carreaux.

Cette jolie enfant était Pivoine.

La plupart de nos lecteurs la connaissent de longue date, du moins nous avons la présomption de le croire, cependant nous devons ici (pour ceux qui n'ont point lu ou pour ceux qui ont oublié *Les Chevaliers du Lansquenet*) rappeler en quelques lignes quel avait été le passé de notre héroïne, et pourquoi nous la voyons ainsi arriver à Paris, toute seule, à pied, et les yeux rougis par les larmes, à la fin d'une froide journée d'hiver.

Pivoine, gracieuse fleur des champs de Normandie, Pivoine, dont la charmante image avait passé trop vite parmi les sombres profils des personnages du livre que nous rappelions tout à l'heure, était fille unique du principal régisseur du vicomte Jules de Nodêsmes.

Naïve, mais coquette enfant, elle avait pour la première fois senti battre son cœur à l'endroit du jeune vicomte, qui, tout aussi candide et plus timide qu'elle, lui parlait d'amour sous les splendides ombrages du parc de Nodêsmes, mais n'osait point, chaste jeune homme, lui baiser même le bout des doigts.

Le départ de Jules pour Paris, en compagnie de

Georges d'Entragues, le chef de la ténébreuse association des *Chevaliers du Lansquenet*, avait brisé dans sa fleur cette passion naissante.

Quelques mois plus tard, Jules était revenu, mais cette fois il n'était plus seul. Il amenait avec lui Danaë, la courtisane duchesse, et il ne songeait guère aux yeux si doux de son humble vassale.

Par malheur, en même temps que le vicomte, Georges d'Entragues, lui aussi, revenait à Nodêsmes. Il eut une fantaisie pour Pivoine et devint son amant.

Étrange mystère du cœur des jeunes filles.

Cet homme, qui dès la première heure avait obtenu, presque par la violence, ce qu'elle eût refusé longtemps à la passion candide de Nodêsmes, fut pour elle, peut-être à cause de cela, le type suprême de la force unie à la beauté.

Elle l'aimait avec idolâtrie, avec respect, et aussi avec terreur.

Elle avait deviné cette nature énergique que rien n'arrêtait, que rien ne faisait plier.

Un sourire de Georges lui semblait une faveur inespérée, et quand le regard de son amant se faisait sombre, quand son front semblait rêveur, une tristesse immense et jalouse s'emparait de la jeune fille, car elle sentait que dans la vie du comte d'Entragues, elle, la pauvre Pivoine n'était rien, ne pouvait rien être.

Or, Georges n'était venu en Normandie que pour enlever mademoiselle de Choisy au ci-devant comte de Fly, devenu prince de Falckemberg, avec lequel M. de Choisy le père voulait la marier.

Un beau soir, Pivoine fit écrouler, en le touchant, l'édifice des audacieux projets de Georges.

Tout était préparé, la chaise de poste attendait tout attelée, et, cette même nuit, le comte devait entraîner Esther de Choisy et partir avec elle pour Paris.

Le hasard voulut que Pivoine se trouvât dans le vestibule formant serre chaude, au moment où le dictateur des *Chevaliers du Lansquenet* rentrait au pavillon du parc, pavillon que Jules de Nodêsmes avait mis à sa disposition.

Souvent Pivoine allait passer de longues heures dans cette pièce, où, appuyée au rebord d'une caisse d'oranger, elle laissait aller son âme à quelque douce rêverie d'amour et de bonheur.

Ce jour-là, elle éprouvait cette disposition d'esprit sombre et mélancolique, qui, quoi qu'on en dise, est l'avant-coureur de quelque événement funeste.

Une lampe mobile, fixée contre la muraille, ne répandait dans la serre qu'une lueur faible et indécise.

Georges, en rentrant, ne vit point Pivoine, masquée comme elle l'était par une double haie de grenadiers et de lauriers-roses.

La jeune fille allait lui parler, quand elle l'entendit pousser le double verrou de la première porte.

Dominée par un pressentiment jaloux, Pivoine rouvrit

derrière lui la porte qu'il avait mal fermée et sa mit à le suivre.

Grâce à l'obscurité profonde et aux difficultés du terrain, Georges marchait lentement, aussi n'eut-elle pas de peine, d'abord, à mesurer ses pas sur les pas de son amant.

Cette circonstance l'étonna, et, le cœur agité d'une émotion instinctive, elle garda le silence et elle attendit.

M. d'Entragues monta dans sa chambre. Au bout de peu d'instants, Pivoine le vit revenir, enveloppé de son paletot et son chapeau sur la tête.

Au lieu de rentrer dans le parc par l'issue ordinaire, Georges ouvrit la porte dérobée qui donnait sur la campagne et sortit.

Mais la route était longue. Georges marchait toujours, et peu à peu la pauvre petite sentait son pied devenir plus lourd.

Tantôt elle heurtait un caillou, tantôt elle froissait quelques amas de feuilles sèches.

Georges entendait ce bruit, s'arrêtait brusquement et prêtait l'oreille.

Il cherchait alors d'un regard inquiet à percer l'épaisseur des ténèbres.

Mais dans ces moments, Pivoine s'arrêtait haletante; tout se faisait soudainement silencieux, et les ténèbres restaient insondables.

D'Entragues croyait s'être trompé et poursuivait sa route.

Plus d'une fois encore, de semblables bruits vinrent agiter le cœur du nocturne aventurier sans qu'il lui fût possible d'en découvrir la cause.

Une vague inquiétude s'empara de son esprit et il se mit à marcher plus vite.

Enfin, une faible lueur se dessina à quelque distance.

Cette lumière brillait à l'une des fenêtres du château de Choisy.

———

Georges touchait au but.

Il était temps. Pivoine ne marchait plus qu'avec peine, et déjà une assez grande distance la séparait de M. d'Entragues.

Georges ouvrit la petite porte du jardin avec la clef qu'il avait achetée d'un domestique infidèle, et il entra.

Quand à son tour Pivoine arriva près de cette même porte, d'Entragues avait disparu dans l'obscurité. La jeune fille, désespérant de pouvoir le rejoindre dans des lieux inconnus, épouvantée d'ailleurs par la pensée de braver seule les ténèbres de cet endroit qui n'était plus la campagne, s'adossa à la muraille, car ses jambes fléchissaient, et résolut d'attendre là son retour.

Au bout d'un quart d'heure à peine, le comte d'Entragues, soutenant à son bras Esther pâle et tremblante, franchit la petite porte avec elle.

Une crainte vague fit tressaillir soudain mademoiselle de Choisy, dont la main pesa plus fort sur le bras de son guide.

— Venez, Esther, lui dit Georges, venez et ne tremblez point ainsi; je vous aime, vous le savez! Je vous aime, je vous respecte, et toute ma vie est à vous!

Mais il n'avait point achevé cette phrase, quand une femme surgit devant lui dans les ténèbres en criant :

— Menteur! menteur!

— Que veut dire ceci? murmura M. d'Entragues, foudroyé par ce nouvel obstacle.

— Oh! qui que vous soyez, continua l'apparition menaçante, en s'adressant à Esther, oh! qui que vous soyez, n'écoutez pas cet homme! ne le croyez pas! ne le suivez pas! Il vous tromperait comme il m'a trompée, car il vous jure qu'il vous aime, et il est mon amant!... oui, mon amant!... l'amant de Pivoine!!!

Et Pivoine, car c'était elle, enlaçant Georges de ses deux bras, lui dit d'une voix suppliante, en passant sans transition de la fureur à la prière :

— Tu m'appartiens... tu es à moi... je t'aime, Georges... mon Georges... je t'aime... tu ne vas pas me quitter... ni m'abandonner... n'est-ce pas?...

Mais déjà M. d'Entragues avait pris un parti.

Il repoussa la pauvre enfant avec une telle violence, qu'elle alla tomber presque sans connaissance à quelques pas de lui, et il s'écria :

— Cette fille est folle, Esther! elle est folle, je vous le jure, car, moi, je ne la connais pas!

Mais Esther n'était plus là pour entendre ces mots; dès le début de la courte scène que nous avons racontée, elle s'était enfuie, saisie de terreur et d'indignation, dans les profondeurs du jardin.

D'Entragues se mit à sa poursuite sans parvenir à la rejoindre.

Lorsque, furieux et désespéré, il revint auprès de la petite porte, Pivoine avait disparu.

On ne la revit au château de Nodêsmes, ni cette nuit-là, ni le lendemain.

On n'entendit plus parler d'elle dans le pays.

Vainement son père, désespéré, vainement le vicomte lui-même firent toutes les démarches nécessaires pour jeter quelque lumière sur cette inconcevable disparition.

Tout fut inutile, et le bruit courut, se répandit, s'accrédita, et finit par devenir généralement accepté que la pauvre Pivoine avait péri dans quelque étang.

Combien de vérités, soi-disant historiques, n'ont point de bases plus solides!

VII

L'ARRIVÉE.

Voici les faits.

Pivoine s'était relevée, à moitié folle et le cœur brisé comme le corps; elle s'était mise à fuir avec l'unique pensée de s'éloigner du lieu où se trouvait M. d'Entragues, et se disant que s'il la retrouvait après ce qui venait de se passer, il la tuerait pour se venger.

A cette frayeur qui l'exaltait jusqu'à la démence, se joignait la crainte de son père. Il lui sembla que si elle reparaissait devant lui, il lirait sur son front sa honte et son malheur, il la chasserait et la maudirait.

Elle résolut donc de s'éloigner pour toujours.

Soutenue dans sa course rapide par cette force nerveuse qui ne manque jamais aux femmes dans toutes les occasions suprêmes, elle avait franchi avec une incompréhensible vitesse l'espace qui séparait le château de Choisy de celui de Nodêsmes.

Elle rentra dans le pavillon, puis dans le parc, et se glissa furtivement dans la maisonnette que son père occupait seul à quelques centaines de pas des bâtiments de service.

Elle entra pour la dernière fois dans sa chambre de jeune fille, elle ouvrit les deux battants de sa grande armoire de noyer, enveloppa à la hâte dans un mouchoir d'indienne quelques effets d'habillement qui lui tombèrent les premiers sous la main, elle mit à son cou la croix d'or qui lui venait de sa mère, — enfin, elle prit une petite bourse contenant les pièces de vingt sous toutes neuves que son père lui donnait dans certaines circonstances solennelles, comme au premier de l'an et au jour de sa fête. Ce pécule formait une somme totale d'environ dix-huit francs !

Ces courts préliminaires achevés, elle pénétra dans la chambre de son père, qui, parti le soir pour Granville, ne devait revenir que bien avant dans la nuit, elle s'agenouilla devant le vieux fauteuil où il avait l'habitude de s'asseoir, elle mit sur le chevet de son lit le baiser d'un éternel adieu, puis, baignée de larmes muettes, éclatant en sanglots étouffés, elle sortit de la maison et du parc, et suivant la grande avenue dans toute sa longueur, elle atteignit la route de Paris.

Car c'était à Paris que Pivoine voulait aller.

Et si notre lecteur se demande quel était le but de la jeune fille en choisissant cette dernière ville pour son lieu de refuge, nous répondrons qu'elle n'en avait aucun.

Que comptait-elle faire à Paris ?
Elle n'y songeait point.
Comment pensait-elle y vivre ?
Elle n'en savait rien, et ne s'en préoccupait pas.

Seulement, décidée comme elle l'était à fuir pour toujours son père et son pays, il y avait dans ce mot magique : Paris, quelque chose qui l'attirait à son insu.

Nous pouvons d'ailleurs prendre sur nous d'affirmer que, quoique Pivoine ne fût point innocente, l'idée qu'une jolie fille pouvait à Paris vivre de sa beauté, ne s'était pas un instant présentée à son imagination.

Nous n'avons nullement le projet de raconter avec détails les petits incidents du long voyage de la pauvre enfant.

Elle marchait tout le jour, s'asseyant sur un banc au bord de la grande route quand la fatigue la contraignait de s'arrêter.

Elle vivait de peu. Du pain bis et de l'eau claire, voilà tout.

Le soir elle s'arrêtait dans quelque auberge de village et prenait la plus humble chambre.

Ce frugal régime explique comment elle vint à bout de faire face à toutes ses dépenses avec les dix-huit francs qu'elle avait emportés.

Cependant, au moment où nous venons de la retrouver atteignant la barrière du Roule, après plus de quinze jours de marche, ses forces étaient épuisées comme son argent, et il n'y avait plus qu'une pièce de dix sous au fond de sa pauvre petite bourse vide.

Un peu ranimée par la certitude qu'elle touchait au but, Pivoine franchit assez lestement la grille flanquée de ses deux lourds pavillons, types disgracieux et inélégants de toutes les barrières de Paris.

Elle allait droit devant elle, portant comme nous l'avons dit, son petit paquet sur son épaule au bout d'un bâton.

Un commis de l'octroi trouva suspect de la voir passer si vite, il crut à l'introduction clandestine de quelque denrée de contrebande et il cria:

— Ohé! la fille! venez donc un peu par ici!

Pivoine, ne supposant pas que ces paroles s'adressassent à elle, continua sa route sans se retourner.

— Ohé! répéta le commis! ohé! la Normande!

Pivoine revint sur ses pas et demanda :

— Est-ce que c'est à moi que vous parlez, monsieur? et elle accompagna ces mots d'une petite révérence.

— Oui, ma jolie fille, c'est à vous, répondit le douanier.

— Qu'y a-t-il pour votre service, monsieur?

— Qu'est-ce que c'est que ça?

Et le commis toucha du bout du doigt le modeste bagage de la jeune fille.

— C'est mon paquet, monsieur.

— Je vois bien, mais qu'est-ce qu'il y a dedans?

— Deux chemises, une robe, un jupon, quatre mouchoirs et deux paires de bas.

— Vous le dites, répliqua le préposé, défiant par état, mais il faut voir.

Pivoine dénoua le mouchoir d'indienne qui enveloppait son humble garde-robe, et le commis put constater l'exactitude de la déclaration qui venait de lui être faite.

— Est-ce que vous venez de loin comme ça, ma jolie fille? demanda-t-il après avoir poliment renoué le petit paquet et l'avoir remis au bout du bâton de Pivoine.

— Oh! dame, oui, monsieur...

— Et d'où cela?

— De Nodêsmes, monsieur.

— Nodêsmes! connais pas! où est ce pays-là?

— C'est près de Granville, monsieur, en Normandie.

— Et vous avez fait tout le chemin à pied?

— Dame! oui!

— Et où allez-vous?

— Ici, monsieur, à Paris.

— Et vous y venez pour la première fois?

— Dame! oui!

— Mais vous retrouverez-vous bien?

— Dame! je ne sais pas.

— Où demeurent les personnes chez qui vous allez!

— Je ne vais chez personne, monsieur.

— Au moins vous êtes recommandée à quelqu'un?

— Dame! non.

— Mais vous avez de l'argent, j'espère?

— Dix sous, monsieur !

— Ah ! je comprends ! fit en riant le commis qui était un jeune homme, vous venez chercher fortune à Paris ? Vous avez d'assez beaux yeux, ma jolie fille, pour la rencontrer et pour l'attraper ! Allons ! bonne chance !

— Merci, monsieur, dit Pivoine.

Un vieil employé, à cheveux blancs et à figure morose, qui avait entendu la fin de cette conversation, intervint alors et dit d'un ton brutal :

— Elle vient chercher fortune à Paris ! c'est-à-dire vendre de l'amour et mendier de l'or ! et tu lui souhaites bonne chance !! La chance qu'elle aura, la fortune qu'elle attrapera, c'est la honte ! la misère ! le désespoir et l'hôpital ! Dieu est juste, et toutes les gueuses ne peuvent pas voler le pain qui manque à tant d'honnêtes gens !!

Le jeune commis se mit à rire de cette tirade farouche, et Pivoine effrayée hâta le pas.

C'est sous le poids de cette prédiction sinistre qu'elle fit son entrée dans Paris.

La jeune fille descendit le faubourg du Roule dans toute sa longueur sans éprouver de trop grands étonnements.

Mais lorsqu'après avoir suivi, sans savoir où elle allait, la rue du Faubourg-Saint-Honoré, elle déboucha tout à coup dans la rue Royale, ayant à sa droite la place de la Concorde, à sa gauche la Madeleine, devant elle la rue Saint-Honoré ; quand elle vit de toutes parts étinceler des milliers de lumières, car la nuit était venue et le gaz s'allumait ; quand elle aperçut l'interminable succession de voitures rapides qui, sillonnant chaque rue, se croisaient et se dépassaient, portant comme deux étoiles leurs lanternes rouges ou bleues, et l'incessante procession des allants et des venants, et tout ce mouvement enfin, tout ce tumulte et tout ce fracas, elle sentit la stupeur et l'épouvante la gagner, la tête lui tourna, elle se jeta brusquement à droite du côté de la place Louis XV qui lui paraissait moins bruyante et moins illuminée, et qu'elle traversa dans toute sa largeur.

Arrivée à la hauteur du pont de la Concorde, elle prit à gauche et suivit ce quai presque désert qui longe le Jardin des Tuileries et aboutit au pont Royal.

Puis, de détours en détours, et toujours marchant au hasard, elle arriva sur la place du Quai-aux-Fleurs, près du Palais de Justice, et, complétement épuisée par la fatigue, elle se laissa tomber plutôt qu'elle ne s'assit sur la margelle de la fontaine qui fait l'ornement de cette étroite promenade.

L'obscurité et la solitude étaient presque complètes sous les arbres dépouillés qui végètent plutôt qu'ils ne vivent au milieu des dalles du Marché-aux-Fleurs ; d'un côté le Palais de Justice élevait ses masses sombres, en avant la rivière roulait ses flots noirs et rapides, réfléchissant comme de longues traînées de feu les lumières du quai de Gèvres, en arrière se dressaient de grands bâtiments sur la façade desquels les fenêtres du Prado se dessinaient étincelantes, car c'était un soir de bal.

Assise, comme nous l'avons dit, dans l'ombre, au bord de la fontaine, Pivoine, pour la première fois depuis son départ, comprit combien son isolement était complet, combien sa position était terrible.

Mais il était trop tard pour reculer. Ce qui était fait était irrévocable, et la pauvre enfant se trouvait pour jamais jetée, sans protection et sans appui, dans l'abîme de Paris.

Pendant quelques instants, un désespoir amer s'empara de son cœur. Elle se tordit les mains en pleurant et maudit le jour où elle était née.

Cette crise fut courte.

Dans une jeune âme, dans une nature presque vierge, la confiance est vivace, parce que les désillusions n'ont point été fréquentes. Pivoine essuya ses yeux et se dit.

— Dieu est bon! il aura pitié de moi; il me tendra la main et me secourra!

Cependant une heure s'était écoulée, et la jeune fille avait faim.

Tout en cheminant dans les rues, elle avait bien remarqué de riches magasins remplis de comestibles de toutes sortes, et des restaurants inondés de lumière, éblouissants d'argenterie et de cristaux, mais elle comprenait que pour acheter ces beaux fruits, ces pâtés rebondis aux croûtes ciselées et dorées, ces friandises de cent espèces dont elle ne savait même point le nom, ou pour s'asseoir à ces tables somptueuses, il fallait beaucoup d'argent.

Or, Pivoine avait dix sous!

Son appétit allait grandissant.

Heureusement elle aperçut à l'angle du Pont-au-Change une marchande ambulante qui portait sur un éventaire une collection de ces pâtisseries vulgaires dans lesquelles il y a de tout, excepté de la farine pure et des fruits sains, que le gamin de Paris chérit tout particulièrement sous les dénominations de : *Chaussons aux pommes, — chaussons aux pruneaux*, etc...

Pivoine fit emplette de deux gâteaux pour quatre sous, et revenant s'asseoir sur son banc, elle commença son triste repas.

Bien triste en effet, car le beurre rance et la pâte nauséabonde et moisie soulevaient à chaque bouchée le cœur de la pauvre enfant.

Mais elle avait faim et elle mangea.

Un marchand de coco passait sur le quai en agitant ses clochettes.

Moyennant un sou, Pivoine fut initiée aux délices de ce breuvage détestable, mais innocent, qui consiste en une infusion d'un peu de bois de réglisse dans beaucoup d'eau de Seine.

Et Dieu sait si en ce moment elle regretta l'eau pure de ses fontaines.

Mais, nous le répétons, il était trop tard.

Dix heures venaient de sonner à l'horloge du Palais de Justice.

Une animation extraordinaire commençait à régner sur la place.

Des fiacres remplis de monde passaient d'instant en instant, et de ces fiacres partaient des cris bizarres, des exclamations bruyantes.

A travers les troncs noirs des maigres platanes, Pivoine, croyant rêver, apercevait une procession fantastique d'hommes et de femmes singulièrement vêtus, chantant et gesticulant.

Les uns portaient des pantalons de velours noir à bandes rouges, constellées de boutons brillants.

Les autres, la figure blanchie avec de la farine, étaient habillés de larges sacs, faits en calicot blanc ou en toile à matelas.

Ceux-ci avaient des plumets rouges d'une hauteur invraisemblable.

Ceux-là portaient un tuyau de poêle en guise de coiffure.

Il y avait des femmes vêtues en hommes.

Il y avait des hommes habillés en femmes.

Et tous vociféraient joyeusement et à qui mieux mieux.

— Seulement, les mots qui parvenaient jusqu'à Pivoine n'offraient aucun sens pour son oreille et pour son esprit.

— Ohé! les titis! les chicards et les balochards! ohé!
— Ohé! les flambards!
— Ohé! les débardeurs! les soiffeurs! les noceurs!

— Ohé! les pierrots! les pierrettes! Ohé! les mufles!

— Ohé! les enfants du carnaval, du festival et du bacchanal! Ohé!

Voilà ce que la jeune fille entendait et ne comprenait point.

Nous le répétons, il y avait tout simplement au Prado grande fête de nuit et bal masqué.

VIII

LA PREMIÈRE NUIT.

Minuit sonna.

La circulation des voitures avait à peu près cessé, les quais et la place du Palais de Justice devenaient de plus en plus déserts.

On entendait seulement ces lointaines rumeurs qui s'élèvent, semblables au bourdonnement d'une ruche, des centres populeux de Paris, et par moments, à travers les fenêtres du Prado, s'échappaient les accords affaiblis de quelque polka torrentueuse, ou de quelque infernal galop.

Le froid devenait vif. Pivoine grelottait sous ses vêtements légers.

Elle sentait bien qu'elle ne pouvait point passer en cet endroit le reste de la nuit, sous peine d'être morte le lendemain matin, mais que faire ? que devenir ? où aller ? Voilà ce qu'elle ne savait pas.

Pivoine ignorait qu'il existe dans Paris certains bouges immondes, où moyennant deux sous, on peut aller dormir, pêle-mêle avec l'écume des gens sans aveu, des filous et des vagabonds de la grande cité, elle n'eût point osé d'ailleurs frapper à la porte de l'un de ces asiles.

Elle se leva, elle reprit son petit paquet, se rapprocha du quai, et, à demi-cachée par un arbre contre lequel elle s'appuyait, elle attendit!

— Il doit y avoir dans Paris, se disait-elle, quelque lieu de refuge dans lequel je serai reçue pour une nuit; je m'adresserai au premier passant et il me dira où je dois aller.

Mais personne ne venait, et la jeune fille, dont les dents claquaient et les yeux se voilaient de larmes, revoyait par l'imagination, et la maisonnette de son père, et sa petite chambre si chaude, et son lit aux rideaux blancs.

Les damnés, quand ils rêvent le paradis, ne doivent point souffrir davantage en enfer.

Enfin, Pivoine entendit un bruit de pas et fit un mouvement pour marcher à la rencontre de l'arrivant. C'était un homme du peuple, à la figure ignoble, aux vêtements déchirés, et dont les allures saccadées et inégales témoignaient d'une ivresse à peu près complète.

Pivoine recula avec effroi.

Quelques soldats vinrent ensuite, accompagnés de filles qu'ils embrassaient bruyamment en chantant des refrains obscènes.

L'enfant se cacha de nouveau.

Tout d'un coup la pauvre fille eut un moment d'espoir.

Un monsieur d'un certain âge, décemment vêtu et pourvu d'une figure honnête, venait de son côté en suivant le milieu de la chaussée, en regardant à chaque pas, à droite, à gauche et derrière lui, et en frappant le pavé du bout de sa grosse canne pour épouvanter des malfaiteurs imaginaires.

Pivoine quitta son arbre, et tremblante fit quelques pas.

Le bourgeois crut à une attaque, — s'arrêta inquiet, et se mit en défense avec son gourdin.

Cependant, voyant qu'il n'avait affaire qu'à une femme, il sembla se rassurer quelque peu.

— Monsieur... murmura la jeune fille.

— Qu'y a-t-il ? qu'est-ce que vous voulez ?

Ces deux interrogations furent prononcées d'une voix menaçante.

— Monsieur... répéta Pivoine. Je suis arrivée à Paris... aujourd'hui... Je n'y connais personne...

— Passez votre chemin ! interrompit le bourgeois. Je n'ai pas de monnaie.

Et il fit un mouvement pour s'éloigner.

— Mais, monsieur, reprit l'enfant en posant sa main sur le bras de son interlocuteur pour le retenir, je ne vous demande pas l'aumône ! dites-moi seulement, au nom du ciel, où je puis coucher cette nuit !...

Le bourgeois, épicier marié et pudibond, se méprit

complétement au sens de cette interrogation suppliante.

Il repoussa brutalement la jeune fille et s'écria :

— Où vous pourrez coucher, coureuse ?... ça ne sera point chez moi à coup sûr ! allez chercher vos chalands plus loin, et ne me touchez pas !

Puis il continua son chemin, laissant Pivoine seule et désespérée.

La jeune fille n'attendait plus rien, elle se sentait perdue, complétement, irrévocablement !

Il fallait, à seize ans, au milieu de Paris, mourir d'une mort douloureuse et inévitable, sentir le froid engourdir peu à peu chacun de ses membres et glacer le sang dans ses veines.

C'était affreux !

Pivoine se dit qu'il valait mieux en finir tout de suite, elle acheva de traverser la chaussée, gagna le Pont-au-Change, s'accouda au parapet et regarda la Seine qui coulait au-dessous d'elle.

La vue de ces flots noirs bruissant contre les arches lui donna le vertige, elle eut peur ; le cœur lui manqua, elle s'affaissa sur elle-même et se mit à sangloter amèrement.

Or, au moment même où Pivoine cessait de compter sur la Providence, la Providence venait à son secours.

Un nouveau personnage montait le Pont-au-Change en fredonnant un couplet d'opéra-comique.

C'était un grand jeune homme, le cigare à la bouche et les mains dans ses poches ; il était coiffé d'un petit chapeau de marin *illustré* d'une multitude de rubans de toutes les couleurs.

Sur un costume de débardeur il portait un paletot brun, et sa longue écharpe rouge et à franges d'or lui tombait jusque sur les talons.

Sa figure, jolie mais fatiguée, avait une expression de bonhomie spirituelle, ses cheveux naturellement bouclés étaient noirs et abondants, ainsi que ses moustaches retroussées d'une façon gaillarde.

Il s'approcha de Pivoine, et à la vue du bonnet normand de la jeune fille il s'écria :

— Tiens ! une femme déguisée ! puis il ajouta : — Qu'est-ce que tu fais donc là, ma chérie ? — est-ce que t'es *pocharde* par hasard ?

La jeune fille releva la tête et laissa voir son visage inondé de larmes.

— Elle pleure, poursuivit le jeune homme étonné, quelle bêtise ! Tu viens du bal et tu pleures ! — Voyons, ma fille, est-ce que c'est le champagne qui te fait cet effet-là ? (On en a vu des exemples !) ou bien est-ce que tu as du chagrin ? Ton amant t'a peut-être fait des traits ! dame, ça se peut et c'est triste, je ne dis pas ! mais il ne faut point se désoler pour ça ! A quoi ça sert-il ?

— Monsieur.... murmura Pivoine, ayez pitié de moi...

— Mais sapristi ! je ne demande pas mieux !... d'abord, relève-toi, et puis, tu me raconteras ton affaire... Je vois ça d'ici, en rentrant du bal avec ton amant vous avez eu *des mots*, et il t'a flanquée a la porte! — c'est pas gentil!!

Tout en parlant, le jeune homme avait pris la main de Pivoine pour lui aider à se relever, car elle était accroupie sur le pavé.

— Comme tu as froid! continua-t-il, mais tu es glacée, pauvre fille! il y a donc bien longtemps que tu es dehors...?

— Oh! oui... bien longtemps... depuis avant la nuit, j'attends... là.

Et du geste, Pivoine désigna la place du Marché-aux-Fleurs.

— Allons donc! tu veux rire!!!

Pivoine ne répondit pas, elle ne pouvait plus ni parler, ni se soutenir.

Le jeune homme s'aperçut de cette complète défaillance, et, ne sachant encore à quoi l'attribuer, il prit Pivoine dans ses bras pour la porter jusque sous la clarté d'un bec de gaz.

— Nom d'une pipe! s'écria-t-il alors, comme elle est jolie! mais comme elle est pâle!!

Puis, apercevant le petit paquet que la jeune fille n'avait point lâché, et regardant mieux son costume, il ajouta :

— Décidément, elle n'est pas déguisée, c'est une Normande au naturel, qui arrive par le coche, de la patrie du cidre! pourquoi diable pleurait-elle donc comme ça tout à l'heure? c'est peut-être tout bonnement le froid ; dans tous les cas, malgré ses yeux rouges et ses joues blanches, elle est bigrement jolie ! ! !

En ce moment, Pivoine sortit à demi de l'état d'anéantissement profond dans lequel elle était plongée, mais elle ne reprit guère que le sentiment de la souffrance physique, son intelligence engourdie comme ses membres ne lui permettait point de se rendre nettement compte de ce qui se passait auprès d'elle.

— J'ai bien froid... dit-elle d'une voix à peine distincte...

Le jeune homme ôta le paletot qui recouvrait son costume et le posa sur les épaules de Pivoine.

La jeune fille se blottit instinctivement dans les plis de ce vêtement chaud.

— Voulez-vous venir chez moi ? lui demanda son compagnon.

— Oui, murmura-t-elle.

— Pourrez-vous marcher ?

— Je tâcherai.

— D'ailleurs c'est tout près. Allons ! en route ! appuyez-vous sur mon bras, et ferme ! Quand je vous ai rencontrée, ma fille, j'allais un peu flâner au bal de l'Opéra en sortant du Prado. Mais bah ! j'ai joué à qui perd gagne !

Pivoine, soutenue par le jeune homme, essaya quelques pas chancelants qui s'affermirent peu à peu, à mesure que le mouvement rappelait la circulation du sang dans ses membres roidis, et, au bout de dix minutes de marche, tous deux s'arrêtèrent devant un petit hôtel garni de la rue de la Harpe, — *l'Hôtel de Germanie.*

Le débardeur sonna vigoureusement, et la porte s'ouvrit aussitôt.

— Nous voici rendus à domicile, franc de port! Entrez, ma fille, dit-il en introduisant Pivoine dans une allée étroite et sombre, au bout de laquelle brillait une faible lueur derrière les vitres d'une sorte de loge baptisée du nom pompeux de BUREAU.

— Qui va là? grogna dans cette loge une voix ensommeillée.

— Moi, le n° 6, répondit le débardeur, allumez ma bougie, Antoine, et vite, j'amène du sexe.

— Voilà, m'sieu Virgile, voilà.

On entendit le crépitement d'une allumette chimique frottée contre le mur, et un garçon presque en chemise, coiffé d'un majestueux bonnet de coton blanc, apparut sur le seuil du bureau et tendit au nouveau venu une bougie et une clef, tout en observant à la dérobée Pivoine qui s'appuyait à la rampe.

— Prenez mon bras, dit le jeune homme, et montons, ça n'est pas haut.

En effet, le n° 6 était au deuxième étage.

— Asseyez-vous, ma fille, ajouta le débardeur en poussant un fauteuil à côté de la cheminée, je vais faire du feu.

Il y avait dans le foyer un amas de bûches et de petit bois, fort artistement disposé, une feuille de papier

5.

et une étincelle suffirent pour en faire jaillir une flamme pétillante et joyeuse.

Cette flamme, jointe à la clarté des deux bougies de la cheminée que le débardeur alluma, éclaira brillamment la chambre dans laquelle ils se trouvaient, chambre que Pivoine parcourut d'un regard à la fois étonné et inquiet.

C'était une pièce de moyenne grandeur, semblable à tous les logis d'étudiants, dans les plus modestes hôtels du quartier latin.

Le papier gris à rosaces qui recouvrait les murs était devenu d'un jaune sombre.

Le lit en acajou *à bateau* s'entourait de draperies de calicot blanc à bordures rouges, pareilles aux rideaux des fenêtres.

Il n'y avait point de parquet, mais bien un carreau rouge, ciré et luisant.

Dans un des angles de la chambre, une commode.

En face, un *sopha* recouvert en vieux velours d'Utrecht, jadis rouge, avec deux fauteuils assortis.

Un petit bureau à côté de la cheminée, une table ronde au milieu de la chambre et deux chaises de paille. Voilà pour le mobilier.

C'était, on le voit, plus que mesquin, mais certains détails venaient donner de la physionomie, si nous pouvons ainsi parler, à cette triste pièce.

Ainsi les murs étaient ornés d'un certain nombre de

lithographies de Gavarni, des plus lestes, mais des mieux choisies.

De chaque côté de l'ignoble pendule de palissandre à colonnes, il y avait de jolies statuettes de Pradier, représentant des jeunes femmes simplement vêtues de leur chasteté.

Auprès de ces statuettes, plusieurs bouteilles de formes diverses, promettaient des échantillons de liqueurs de tous les pays, car on lisait sur leurs étiquettes : *Rhum de la Jamaïque,* — *Eau-de-vie de Dantzick, Curaçao de Hollande, Anisette de Bordeaux,* etc.

Une douzaine de verres, grands et moyens, les uns intacts, les autres notablement ébréchés, escortaient ces flacons.

De petits tas de cendre, résidus des cigares et des pipes s'amoncelaient par places sur le marbre de la cheminée et sur celui de la table ronde.

Le bureau supportait quelques livres parmi lesquels on remarquait un exemplaire des *Codes Français,* reconnaissable à sa tranche bigarrée.

Les autres étaient des romans alors en vogue : *les Mystères de Londres,* et *le Château des Pyrénées.*

Enfin, pour ne rien oublier, une panoplie d'un genre nouveau se composait de deux fleurets avec les masques et les gantelets, — d'une queue de billard richement incrustée, — d'une rame de canotier parisien, et d'une longue pipe algérienne.

Le plus complet désordre régnait dans toute la chambre.

Des vêtements épars traînaient à droite et à gauche.

Il y avait des bottes sur les chaises, des pantoufles sur le lit, et une robe de chambre par terre.

IX

LA PREMIÈRE NUIT (*Suite*).

Cependant Pivoine demeurait immobile et muette, étendue dans le fauteuil que Virgile avait approché de la cheminée ; elle était engourdie d'esprit comme de corps, et d'ailleurs absorbée tout entière par la sensation d'une douce chaleur dissipant peu à peu le froid cuisant qui, depuis tant d'heures, la pénétrait jusqu'à la moelle des os.

Virgile avait remplacé sa veste de débardeur par la vieille robe de chambre de flanelle à carreaux, et venait de poser sur sa tête un *fez* algérien de laine rouge, à houppe bleue et à gland d'or.

Il s'assit en face de Pivoine.

Le sang remontant avec violence au visage de la jeune fille, doublait les fraîches couleurs de ses joues et donnait à ses yeux un éclat singulier.

— Sapristi! pensa l'étudiant, cette petite est beaucoup plus jolie que la mère des Amours! par Cupidon, je suis un heureux coquin!

Il garda le silence pendant quelques secondes, absorbé par des réflexions fort anacréontiques, puis une idée subite lui traversant l'esprit, il s'écria vivement :

— Mam'zelle...

Pivoine le regarda sans répondre.

— Vous devez avoir faim, poursuivit Virgile, voulez-vous souper?

— Oui, répondit machinalement la jeune fille.

— Bravo! fit l'étudiant, et il mit en branle un vieux galon fané qui servait de cordon de sonnette.

— Au bout de cinq minutes, le garçon de l'hôtel apparut, frottant de ses deux poings ses yeux gros de sommeil.

— Antoine, dit le jeune homme.

— M'sieu Virgile, répondit le domestique.

— Je veux souper.

— Ah!

— Qu'est-ce qu'il y a dans la maison?

— Ma foi! il n'y a rien.

— Comment! rien? ça n'est pas possible!

— Si m'sieu... excepté un demi-poulet froid et un jambonneau.

— Et tu appelles ça *rien!* imbécile! monte le poulet et le jambon, ça me suffira.

— Oui, mais c'est que madame a dit que je les lui garde pour son déjeuner, demain matin.

— Je m'en fiche pas mal! madame enverra chercher autre chose, ou ne déjeunera pas, à son choix, moi, j'ai faim et je veux souper; ainsi monte les comestibles.

— J'y vas.

— A propos, Antoine, écoute.

— M'sieu?

— Il me faut du champagne.

— Oh! oh! fit le garçon avec un rire niais.

— Qu'est-ce que tu as donc à rire? ne me comprends-tu pas.

— *Si fait!* m'sieu veut du champagne, mais ça ne se peut pas.

— Pourquoi donc?

— Pourquoi?

— Parce que madame me l'a défendu; m'sieu sait bien que la dernière fois que son papa est venu à Paris et qu'il a payé la note à madame, il s'a mis en colère parce qu'il y avait du champagne dessus; il a dit que c'était la perdition des jeunes gens, et qu'il ne paierait plus si l'on en fournissait encore à m'sieu.

— Il y a du vrai dans ce que tu dis là; mais fais bien attention à ceci, Antoine... L'immortel Molière nous l'apprend par la bouche du grand Tartuffe :

Il est avec le ciel des accommodements!

— Ça se peut bien, m'sieu!

— Voici où j'en veux venir... Combien coûte le vin

d'Argenteuil que madame vend à ses locataires sous le pseudonyme de *Mâcon vieux*?

— Vingt sous la bouteille.

— Et le champagne?

— Cinq francs.

— Monte-moi donc une fiole de champagne et fais mettre sur ma note cinq bouteilles d'Argenteuil; voilà comme ça se joue.

— Tiens! tiens! tiens! fit le domestique ébahi de ce dénouement inattendu et de la façon victorieuse dont Virgile tranchait le nœud gordien.

— As-tu compris?

— Oh! pour ça, oui.

— Eh bien, alors, marche!

— J'y vas, m'sieur.

En effet, Antoine descendit lourdement, et l'étudiant se hâta de débarrasser la table ronde qu'il approcha du feu.

Pivoine, toujours plongée dans une lourde somnolence, avait assisté au précédent entretien sans l'écouter ou sans en deviner le sens.

Le domestique reparut, chargé de plats, d'assiettes, et portant la précieuse bouteille soigneusement encapuchonnée dans une mince feuille de plomb.

— Allons, dit Virgile, pose tout ça sur la table, et file, je n'ai plus besoin de toi, va dormir.

Le garçon ne se fit point répéter deux fois cet ordre bien venu, et sortit en grande hâte.

Virgile poussa le verrou derrière lui et se rapprocha de Pivoine.

— Eh bien! ma chère petite, lui demanda-t-il, allez-vous un peu mieux?

— Oh! oui, répondit la jeune fille.

— Ces jolies mains ne sont plus aussi glacées, j'espère? ajouta l'étudiant, en prenant l'une des mains de Pivoine qui le laissa faire.

— Je tremble encore un petit peu, dit-elle, mais ça se passe.

— Vous allez boire une gorgée de cette tisane, et il ne sera plus question de rien.

Et Virgile, dénouant le fil de fer avec la pointe de son couteau, décoiffa la bouteille dont le bouchon vola au plafond.

— C'est du cidre... dit la jeune fille en voyant la mousse blanche remplir un des deux verres.

— Première qualité! répondit Virgile en riant, avalez-moi ça!

Il présenta le verre à Pivoine qui le vida d'un trait.

— C'est bon, fit-elle, mais ça n'a pas le goût de notre cidre de Normandie.

— C'est que celui-ci vient d'Épernay, mais il réchauffe plus que l'autre. Qu'en dites-vous?

La jeune fille ne répondit point. Déjà elle éprouvait une sensation puissante et inconnue, une chaleur singulière s'infiltrait dans ses veines, son sang coulait plus vite, et, comme l'avait annoncé Virgile, les derniers vestiges de sa torpeur se dissipaient rapidement.

Elle se leva et se trouvant debout devant la glace, elle y jeta un coup d'œil interrogateur. Un sentiment de pudique coquetterie la fit alors rougir à la vue du désordre de sa coiffure, désordre qui, cependant, ne nuisait en rien au charme de son délicieux visage.

Quelques mèches de ses cheveux noirs encore humides s'échappaient de son bonnet normand et couraient le long de ses joues, et de son cou blanc et délicat.

En une seconde, elle eut régularisé et lissé ses bandeaux. Virgile la regardait faire en souriant.

— Voyons, lui dit-il, vous êtes suffisamment jolie comme cela, asseyez-vous, et soupons.

— Je veux bien, répondit Pivoine. Mais vous ne me ferez pas boire beaucoup de cidre, il est trop fort.

— Soyez tranquille, répliqua l'étudiant, ce cidre-là ne fait jamais de mal.

Pivoine s'assit, mais au lieu de manger, elle se mit à regarder son hôte qu'elle voyait distinctement alors pour la première fois, car, grâce à son engourdissement précédent, elle ne savait point encore si l'homme chez qui elle se trouvait était jeune ou vieux, grand ou petit, beau ou laid.

Le résultat de cet examen fut satisfaisant. Virgile, qui s'en aperçut à l'expression du regard de la jeune fille, polit sa moustache et enfonça de plus belle son *fez* rouge sur l'oreille droite.

— Comment vous appelez-vous, ma charmante enfant? demanda-t-il alors.

— Pivoine, monsieur.

— Oh! le joli nom! joli comme vous, Pivoine!

— Et vous, monsieur, comment vous appelez-vous? dit la jeune fille à son tour.

— Virgile.

— Ah! fit la Normande avec une petite moue un peu moqueuse.

— Je conçois, reprit l'étudiant, je conçois que mon nom vous soit inconnu, quoique porté jadis à Rome, par un homonyme assez célèbre; néanmoins, tel qu'il est, je le mets à vos pieds, conjointement avec tout le reste de ma personne et de ma position sociale, consistant en huit inscriptions de l'École de droit, deux mille quatre cents livres de pension annuelle payable par douzièmes, et un père très à son aise qui réside à Bar-sur-Aube! J'y joins pour mémoire un cœur presque neuf, un physique dont on a eu la bonté de dire quelque bien, un talent d'amateur fort distingué sur le cornet à piston, une spécialité brillante dans la cachucha parisienne, l'art de faire le punch, et la science du carambolage! Voilà!

Cette tirade grotesque ne fit point sur Pivoine l'effet que Virgile en attendait. La jeune fille ne comprit rien à cette phraséologie prétentieusement triviale qui n'a de sens bien précis que parmi les habitués du quartier latin. Cependant, comme elle devina que l'étudiant avait eu l'intention de lui dire quelque chose d'agréable, elle montra dans un sourire les deux rangées de perles qui lui servaient de dents. (Style Dorat.)

— Mangez donc, chère petite, dit Virgile en posant une aile de poulet sur l'assiette de la jeune fille, et en remplissant son verre qu'elle vida pour la seconde fois.

Qu'on envisage la situation de Pivoine, qu'on se reporte par le souvenir aux cruelles épreuves physiques qu'elle venait d'avoir à subir, et l'on comprendra comment ce deuxième verre de vin suffit pour faire naître en elle un commencement de surexcitation nerveuse, que Virgile se promit bien d'augmenter à son profit.

—Cher amour! murmurait-il en lui serrant la main et en se penchant vers elle, nous allons faire de la vie un véritable paradis, car nous allons nous adorer... Je t'adore déjà, Pivoine, et toi, tu m'aimeras bientôt, n'est-ce pas?

— Oui... oui... répondait la jeune fille, dont les pensées confuses tourbillonnaient déjà, et qui n'entendait que comme à travers un nuage la voix et les paroles de l'étudiant.

— Tout ce que tu voudras, je te le donnerai, continuait ce dernier, des robes de soie, des châles Ternaux, rien ne sera trop coquet, ni trop cher, j'ai cent louis de pension, et d'ailleurs je ferai des dettes! tu seras la mieux mise de toutes les maîtresses d'étudiants, comme tu en es la plus jolie! je te mènerai partout, au spectacle, au bal, au bal surtout, n'est-ce pas, mes amours?

— Oui... oui... répliquait encore Pivoine, agitée déjà de tressaillements nerveux.

— Mais tu ne me réponds qu'à peine, ma chérie, on dirait que tu souffres, tu ne bois pas, tes jolies lèvres sont sèches et brûlantes, tiens, Pivoine, tiens.

Et l'étudiant approcha de la bouche de la jeune fille la mousse écumante d'un verre rempli jusqu'au bord. Elle but de nouveau, sa tête se renversa, ses yeux se fermèrent à demi, et un anéantissement presque complet succéda à son agitation précédente.

Une ardente rougeur envahit son visage, elle passa deux ou trois fois la main sur son front et sembla s'assoupir en murmurant d'une façon à peine distincte :

— J'ai trop chaud... je brûle...

Virgile comprit à merveille le sens de ces paroles, et il enleva le bonnet normand que portait Pivoine, dont les traits, en se détendant, annoncèrent un soulagement immédiat.

Il put alors admirer dans toute leur splendeur les masses opulentes de la chevelure de la jeune fille, sur lesquelles elle appuyait sa tête.

Il ne sut pas résister au désir de dénouer cette couronne splendide, et, pour nous servir de l'expression ravissante d'un vieux poëte, de baigner ses mains caressantes dans les ondes de ces beaux cheveux.

C'était facile, Pivoine ne compliquait sa coiffure ni d'épingle ni de rubans, un petit peigne très-simple mordait seul et retenait en place ses nattes négligemment tordues; Virgile ôta ce peigne et Pivoine disparut à demi sous une mantille de velours,

Plus longue qu'un manteau de roi!

Comme l'a dit Alfred de Musset, l'un des charmants génies de notre siècle.

Une rapide ivresse amoureuse passa comme une flamme dans tout le corps de l'étudiant, il se mit à genoux devant la jeune fille et couvrit de baisers cette chevelure éparse, qu'il rassemblait à grand'peine et que ses deux mains ne pouvaient contenir.

Cependant, Pivoine parut sortir à demi de son profond assoupissement, et murmura de nouveau :

— Je brûle... j'étouffe...

Ces quelques mots servirent de prétexte à Virgile pour enlever le fichu qui couvrait les épaules de l'enfant, il brisa les agrafes de la robe, essaya de délacer le corset, et, n'y pouvant parvenir, il prit un couteau sur la table et trancha les cordons.

L'instant d'après, Pivoine était à demi-nue entre ses bras et il appuyait ses lèvres ardentes sur la naissance d'une gorge aussi pure, aussi ferme, aussi blanche, que si le ciseau de quelque Phidias venait de la tirer d'un bloc immaculé de marbre de Carrare.

Cependant la jeune fille frissonnait et palpitait à son insu sous ces baisers, sous ces caresses, sa bouche s'entr'ouvrait et ses lèvres devenaient humides.

L'étudiant, embrasé de plus en plus par ces indices de

volupté, unit sa bouche avide à la bouche de Pivoine, et sentit qu'elle lui rendait à demi son baiser.

— Vivat! s'écria-t-il en soulevant dans ses bras et en emportant vers sa couche la proie dont il se croyait sûr.

Tandis qu'il marchait, l'enfant se pressait contre sa poitrine, et il l'entendit murmurer :

— Georges... mon Georges... je t'aime !...

Virgile s'étonna de ces mots et de ce nom, mais avança toujours. Il touchait presque au lit, quand soudain Pivoine ouvrit les yeux, le regarda d'un air effaré, puis, poussant un grand cri, s'arracha de ses bras, et courut se réfugier dans un coin de la chambre, où elle s'efforça de voiler son beau sein avec ses longs cheveux et ses deux petites mains.

Virgile, accoutumé aux feintes et frêles résistances des faciles beautés du quartier Saint-Jacques, supposa que la jeune fille voulait tout simplement donner plus de prix à la victoire, en reculant quelque peu l'instant de sa défaite, il se rapprocha d'elle, et, cherchant à l'enlacer dans une nouvelle étreinte, il essaya de lui fermer la bouche avec des caresses.

Pivoine le repoussa violemment. Elle semblait folle et ses yeux hagards exprimaient une étrange épouvante.

C'est qu'en effet, pendant les quelques minutes de sa rapide ivresse, la pauvre enfant avait fait un beau rêve, un doux rêve d'amour qui l'avait reportée à ces jours de bonheur où Georges d'Entragues lui promettait de tant l'aimer...

Et voici que tout d'un coup elle se trouvait face à face avec la réalité, seule et presque nue, dans une ville étrangère, dans une chambre inconnue, avec un inconnu.

Aussi elle avait peur et elle sentait sa tête s'égarer.

X

LA PREMIÈRE NUIT (*Suite*).

Virgile, ne pouvant croire encore à la réalité de cette défense opiniâtre, essaya de ressaisir Pivoine, en lui disant d'une voix moitié tendre, moitié colère, car l'impatience commençait à le dominer :

— Pourquoi résister, chère petite, pourquoi me repousser? Viens, ma Pivoine! Je t'aime, je t'adore, c'est le bonheur qui nous attend, qui nous appelle!... Viens, mes amours, viens donc vite!

Pivoine se débattit, mais elle était la plus faible, et, pour la deuxième fois, Virgile l'emporta vaincue.

Tout n'était point fini cependant.

La jeune fille, rassemblant ce qui lui restait de forces, se tordit comme une couleuvre, échappa de nouveau à l'étreinte frénétique de l'étudiant, et tombant à genoux devant lui, les yeux baignés de pleurs, les mains jointes, la poitrine soulevée par des sanglots convulsifs, elle murmura ces mots à peine distincts :

— Ayez pitié de moi! ayez pitié de moi!

Il y eut dans l'accent de cette simple prière, quelque chose de si profondément touchant, que Virgile, subjugué malgré lui, recula de deux pas, regarda d'une façon presque paternelle l'enfant ainsi prosternée, et comprit qu'il serait lâche d'obtenir par la violence ce qu'il eût été si doux de devoir à l'amour.

Une courte lutte venait de s'établir entre les sens exaltés et le cœur du jeune homme, le cœur eut le dessus, et Virgile dit d'une voix à peu près calme :

— Ah çà! Pivoine, vous ne m'aimez donc pas?

— Comment vous aimerais-je, répondit l'enfant tremblante encore, comment vous aimerais-je? je ne vous connais point.

— C'est une mauvaise raison, car moi, je ne vous connais pas davantage et je vous ai aimée tout de suite! Enfin, ce qui est différé n'est pas perdu! n'ayez plus peur, chère petite, je vous donne ma parole d'honneur de ne pas vous toucher le bout du doigt sans votre permission.

Pivoine, rassurée par l'évidente bonne foi de Virgile, se releva, rajusta tant bien que mal son petit fichu d'indienne, pour remédier à l'excessif désordre de son costume et revint timidement s'asseoir au coin du feu.

— Voyons, dit alors l'étudiant, séchez ces vilaines larmes qui rougissent vos jolis yeux... j'ai eu tort, je l'avoue, j'ai agi tout à l'heure comme un sot et comme un brutal, mais il ne faut pas m'en vouloir... ça été plus fort que moi...

— Je ne vous en veux pas, murmura Pivoine.

— A la bonne heure! faisons la paix, et en signe de réconciliation donnez-moi votre petite main.

— La jeune fille la lui tendit en souriant à travers ses pleurs.

— Mais ce n'est pas de tout cela qu'il s'agit... reprit Virgile, vous devez être épuisée de fatigue... vous n'en pouvez plus, n'est-ce pas?

— Dame! c'est vrai...

— Eh bien! il faut vous coucher.

— Ici?

— Certainement! où diable pourriez-vous aller?!

Pivoine ne répondit rien, mais secoua la tête.

— Je comprends, poursuivit l'étudiant; vous vous défiez de moi, hein?

— Dame!... un peu!

— Et vous n'avez peut-être pas tort, car enfin, seul avec vous, à deux heures du matin, qui pourrait répondre de soi? mais soyez tranquille je fuirai le danger...

— Comment cela?

— Je vais m'en aller.

— Vous?

— Oui.

— Où donc?

— Au bal de l'Opéra, parbleu! j'y volais quand je vous

ai rencontrée... j'y retourne... je tâcherai de me figurer, en y arrivant, que j'ai pris le plus long! ça sera difficile; mais que voulez-vous? il le faut!!!

— Ah! monsieur, comme vous êtes bon!

— N'allez-vous pas me remercier à présent, ça serait drôle!... allons, je file! couchez-vous donc, Pivoine, et dormez, vous en aurez le temps, je ne rentrerai guère avant dix heures du matin, après déjeuner.

Tout en parlant, Virgile échangeait de nouveau sa robe de chambre contre la veste de débardeur, il s'enveloppa de son manteau, alluma un cigare, et ajouta en s'approchant de la jeune fille :

— Décidément, tout bien considéré, c'est beau comme l'antique, ce que je fais-là, et Scipion, si renommé pour sa chasteté fabuleuse, n'était auprès de moi qu'un bien petit héros! octroyez-moi donc généreusement la récompense qui m'est due, en me donnant de bonne grâce...

— Quoi, monsieur?

— Un baiser, un tout petit baiser.

Pivoine, rougissante comme la fleur dont elle portai le nom, abandonna sa joue aux lèvres de l'étudiant, qui ne les détacha point sans peine.

Ceci fait, Virgile entrebâilla la porte dont il jeta la clef sur les genoux de la jeune fille en disant :

— Enfermez-vous et n'ouvrez à personne!

Puis il sortit et cria depuis l'extérieur :

— Bonne nuit, mes amours! dormez bien, et rêvez de moi!

— Bonsoir, monsieur, répondit Pivoine, qui, tout en allant pousser les verrous, entendit le bruit des pas de l'étudiant s'affaiblir et se perdre dans la spirale de l'escalier.

La jolie Normande revint s'asseoir alors, l'esprit plus calme, quoique agité par de sombres pressentiments.

A peine dans la grande ville depuis quelques heures, elle avait déjà une lutte terrible à soutenir, qu'est-ce donc, mon Dieu, que lui réservait l'avenir ?

Malgré la double sécurité que lui devaient inspirer sa solitude complète et la porte bien close, elle n'osa point se déshabiller et se coucher, elle rajusta au contraire, aussi bien qu'elle le put, les lacets brisés de son corset, et agrafa sa robe, et prenant une couverture dans laquelle elle s'enveloppa (car le feu s'éteignait et l'atmosphère devenait glaciale), elle s'étendit dans le vieux fauteuil, appuya ses pieds endoloris sur les bâtons d'une chaise, et s'endormit presque aussitôt d'un sommeil lourd et profond, mais peuplé de visions sinistres.

Il était grand jour quand le bruit de coups violents et répétés l'éveilla en sursaut.

En même temps elle entendit la voix de Virgile qui criait :

— Sacredieu, voulez-vous m'ouvrir ! Dépêchez-vous, ou je démolis la baraque !

Elle courut à la porte.

———

Pour l'intelligence de la scène suivante, il est utile

de dire en quelques mots comment Virgile avait employé le reste de sa nuit.

D'abord, et tout en quittant l'hôtel de la rue de la Harpe, il avait entamé un long monologue roulant sur la double manière d'envisager le rôle qu'il venait de jouer auprès de Pivoine, monologue qui pouvait se résumer par ces questions nettement posées :

— Suis-je un *mortel vertueux ?*

— Suis-je un *jobard ?*

Interrogations auxquelles il répondait, tantôt :

— Oui, je suis un *mortel vertueux*, car j'ai su commander à mes passions et j'ai respecté l'innocence !

Tantôt :

— J'ai dans ma chambre et dans mon lit la plus jolie fille de la terre, et au lieu de tirer parti de cette situation gracieuse, je me laisse effaroucher par deux ou trois larmes postiches, j'abandonne à la donzelle l'exclusive jouissance de mon domicile, et je me mets à la porte moi-même ! Parole d'honneur, ceci est une outrecuidante naïveté, et certainement je suis un *jobard !*

Flottant ainsi entre ces deux solutions diamétralement opposées, Virgile atteignit la rue Lepelletier, et les triomphes bien flatteurs pour son amour-propre qu'il obtint incontinent dans les quadrilles les plus *chocnosophes* et dans les polkas les plus tourmentées, l'absorbèrent momentanément tout entier.

Vers les six heures du matin, un déjeuner chez Vachette fut organisé par notre étudiant, conjointement avec une douzaine de *viveurs* et de *viveuses* de sa connaissance.

Là, Virgile, excité par de nombreuses libations, raconta son aventure aux bruyants et joyeux convives.

A peine avait-il terminé, qu'un immense éclat de rire s'éleva de tous les points de la table et fut suivi d'une clameur ironique, qui fit trembler les frêles cloisons du cabinet.

Puis un déluge de railleuses épigrammes commencèrent à pleuvoir sur l'étudiant.

Hommes et femmes, ce fut à qui lui décocherait la plaisanterie la plus acerbe, le lazzi le mieux acéré.

Quelques-uns le comparèrent au chaste *Joseph* chez la femme de Putiphar.

D'autres réclamèrent pour lui le prix Monthyon et l'insertion au *Moniteur*.

Une jeune lorette appela le garçon et lui dit en désignant Virgile :

— Une couronne de rosière à monsieur ! Allons, vite ! et servez froid !

Bref, l'étudiant, percé à jour, semblait écrasé sous le poids du ridicule, quand soudain il se leva, prit une bouteille de Madère, l'éleva à la hauteur de sa bouche et en avala le contenu jusqu'à la dernière goutte, puis, laissant retomber le flacon vide sur la table où il se brisa, du geste il imposa silence aux convives en s'écriant :

— Pas si haut, messieurs, pas si haut, car la partie n'est point encore perdue ! Il est huit heures, montre en main, je vous quitte, je saute dans un cabriolet, je cours chez moi, et, à neuf heures sonnantes, je reparais au milieu de vous, le front couronné de myrtes et de lauriers, en vous disant comme César : « Je suis venu !... J'ai vu !... J'ai vaincu ! »

Et Virgile, s'échappant au milieu des bravos qui accueillaient son speach, gagna le boulevard, s'élança dans une voiture de place et dit au cocher :)

— Rue de Harpe, hôtel de Germanie. Vingt francs pour toi si nous sommes revenus dans une heure au café Vachette.

Le cheval partit au galop.

Mais il est une chose que l'étudiant n'avait point prévue. C'est l'effet qu'allait produire sur lui l'atmosphère glaciale du matin.

Le cabriolet ne roulait pas depuis trois minutes que déjà Virgile croyait voir les maisons danser sur son passage un rigodon colossal.

Au moment où il mit pied à terre devant son logis, il était ivre à ne pouvoir se soutenir.

Il monta l'escalier en chancelant, et toujours possédé par cette idée fixe d'obtenir Pivoine de gré ou de force.

Arrivé à sa porte, il heurta fortement, la jeune fille ne s'éveilla pas tout d'abord.

Il redoubla en jurant, et c'est alors que nous l'avons entendu s'écrier dans son charmant langage :

— Ouvrez, sacredieu ! ou je démolis la baraque !

Au moment où Virgile apparut devant Pivoine, il était effrayant.

Son nez d'une rougeur brûlante tranchait sur sa figure livide marbrée çà et là de taches violettes, ses yeux avaient une expression égarée et lubrique, son costume était hideusement débraillé, et ses jambes tremblaient sous lui comme des roseaux trop faibles pour supporter le poids de son corps.

La jeune fille le reconnut à peine.

Il essaya de prendre un air conquérant et s'avança les bras ouverts, en balbutiant d'une façon inintelligible, car sa langue pâteuse se collait à son palais.

— C'est moi... la belle... c'est moi... le joli Virgile... hein! j'espère que c'est gentil, de venir... comme ça... si matin, faire l'amour à sa bichette...

Il s'interrompit pour bégayer un refrain qui lui vint à l'esprit :

> Quand on n'a plus d'argent
> On écrit... à son père,
> Qui répond : mon enfant,
> Il ne faut... pas tant faire
> L'amour,
> L'amour,
> La nuit... comme le jour !
> Eh ! lou, piou, piou, tra, la, la, la,
> La ! la ! la !

Puis il ébaucha un pas de cancan, trébucha, s'appuya contre un meuble, marcha de nouveau vers Pivoine et poursuivit :

Allons, les amours... viens par ici... et dépêche... Je n'ai pas le temps d'attendre... il ne s'agit point de faire la bégueule comme cette nuit... nom d'une pipe... Ah! non! non, fichtre!... en place pour le galop final...

> Toujours,
> Toujours,
> La nuit... comme le jour!

Virgile touchait presque Pivoine, il se pencha pour l'embrasser.

La jeune fille épouvantée le repoussa de toute sa force.

Il n'en fallait pas tant : l'étudiant perdit l'équilibre, essaya de se retenir à la table ronde qu'il entraîna dans sa chute, et roula sur le plancher où il se débattit en blasphémant et en faisant pour se relever des efforts inutiles.

La pauvre enfant, glacée d'horreur par ce spectacle si odieux et si nouveau pour elle, saisit à la hâte le petit paquet qu'elle avait jeté dans un coin en arrivant, gagna la porte qui était restée entr'ouverte, descendit l'escalier et s'enfuit dans la rue, prenant, sans le savoir, la direction de la place Saint-Michel.

XI

A LA BONNE FOI !

Le ciel était pur et lumineux, — l'air vif et froid, et la gelée avait séché la boue, même dans les ruelles fangeuses de la Cité.

Pivoine, marchant au hasard, atteignit les environs de l'Hôtel de Ville, s'engagea dans l'inextricable réseau des petites rues environnantes, et comparant les hautes et sombres maisons qu'elle avait sous les yeux, avec ce qu'on lui avait raconté jadis des merveilles de Paris, elle se crut le jouet de quelque mauvais rêve, et de nouvelles larmes vinrent mouiller ses yeux au souvenir resplendissant des horizons de sa Normandie.

. . . .

Au bout de deux heures ainsi passées, la jeune fille sentit qu'elle commençait à avoir faim.

Il lui restait six sous.

Elle s'arrêta devant une boutique de boulanger et fouilla dans sa poche.

Cette poche était vide...

Pivoine se souvint alors que durant la nuit précédente elle avait posé son humble monnaie sur la cheminée de l'étudiant, et que la pensée ne lui était point venue de la reprendre en s'enfuyant.

— Que faire? — mendier? — plutôt souffrir! plutôt mourir! — pensa-t-elle.

En ce moment elle leva les yeux et vit en face, de l'autre côté de la rue, une large enseigne portant les mots suivants, en lettres blanches sur un fond noir :

A LA BONNE FOI.
Paméla Carcan, marchande fripière.

Vend et achète habillements des deux sexes, neufs et d'occasion, — linge de corps et de table, — vieux tapis, — chapeaux, — chaussures, — et généralement tout ce qui concerne son état.

De chaque côté de la porte pendaient, fastueusement étalés, quelques haillons sordides, — robes trouées, — jupes en lambeaux, — pantalons hors de service, etc.

Le magasin, autant qu'on en pouvait juger depuis l'extérieur, consistait en un trou noir et poudreux, duquel s'échappaient des senteurs mal odorantes.

Pivoine regarda le petit paquet qu'elle tenait à la main, et songea qu'elle pouvait, en en vendant le contenu, se procurer quelque argent.

Il est vrai qu'ensuite il ne lui resterait d'autres vêtements que ceux qui la couvraient.

Mais quand la faim parle, toute considération doit se taire.

Elle entra.

Comme elle franchissait le seuil, une sorte de grognement se fit entendre derrière un énorme paquet de haillons, et une femme apparut, la mine hargneuse et le poing sur la hanche.

Cette créature était petite et massive, — sa figure lippue affectait les teintes violacées du vin de cabaret, — son menton, parsemé de bouquets de poils grisonnants, descendait sur sa gorge flasque et monstrueuse, laquelle, déformant par son poids le corsage d'une horrible robe, flottait presque jusqu'à la ceinture.

La jeune fille resta d'abord interdite à l'aspect de Paméla Carcan, car l'aimable portrait que nous venons d'esquisser était celui de la fripière elle-même.

— Qu'est-ce que vous voulez, la fille? — demanda cette dernière d'une voix enrouée par l'eau-de-vie.

— Mon Dieu!... madame... — répondit craintivement Pivoine — j'ai vu... j'ai cru... Je venais vous proposer...

— Vous avez quelque chose à *laver*? — interrompit brusquement la marchande.

Pivoine se méprit au sens de ces mots et répondit:

— Non, madame... Je voulais vous vendre...

— Eh! pardieu! c'est ça même! voyons, *aboulez les frusques!*

— Vous dites... madame ?...

— Je dis que vous me montriez les marchandises.

— Les voici...

Et Pivoine, posant sur le comptoir son petit paquet, défit les nœuds du mouchoir qui l'enveloppait et en étala le modeste contenu.

La marchande examina d'un air souverainement dédaigneux les diverses pièces de l'ajustement, et dit en faisant une grimace significative :

— C'est là tout ?

— Oui, madame...

— De la belle *fichaise*, ma foi ! — Qu'est-ce que vous demandez de ces *bibelots-là* ?

— Ce que vous voudrez m'en donner, madame...

— D'abord, reprit la fripière, ainsi mise à son aise, — tout ça ne vaut pas qu'on se baisse dans la rue pour le ramasser ! il n'y a pas une *guenipe* dans Paris qu'en voudrait pour aller *faire son marché*... J'offre trois francs.

— Prenez, madame... — murmura la jeune fille qui n'avait point de plus grande hâte que de sortir bien vite de cet immonde taudis.

Paméla, surprise de voir accepter sans conteste le prix misérable qu'elle proposait, et qui ne représentait pas le dixième de la valeur réelle des objets, fixa sur Pivoine un regard stupéfait et ne retint qu'à grand'peine une énergique exclamation.

Puis, enchantée de l'affaire qu'elle venait de conclure, elle prit dans un casier un gros livre, sale et tout usé, l'ouvrit, trempa dans un godet rempli d'une sorte de boue noire, une plume à demi-tordue, et poussa devant Pivoine la plume et le gros livre.

— Qu'est-ce qu'il faut que je fasse, madame? demanda la jeune fille étonnée.

— C'te bêtise ! écrivez votre nom et votre adresse.

— Mon adresse...

— L'endroit où que vous logez, quoi !

— Mais, madame... je ne loge nulle part...

— Bah !

— J'arrive à Paris, et je n'y connais personne...

La foudre serait tombée devant Pivoine sans la plonger dans une stupeur plus complète que ne le fit le résultat des simples mots qu'elle venait de prononcer.

Paméla Carcan, donnant aux traits de son visage une expression furibonde, marcha sur elle, le poing tendu, l'œil en feu, en criant de toute la force de ses poumons :

— Ah ! coquine ! ah ! voleuse ! ah ! c...! tu n'as pas de domicile, et tu viens comme une sainte Nitouche essayer de vendre des *frusques* aux honnêtes gens pour leur-z-y attirer de *la peine !* Halte-là ! C'est pas à la mère Carcan qu'on *fait voir le tour,* tu sauras ça, la fille ! Je vas te *faire flanquer à l'ombre,* et ça ne pèsera pas une once ! Allons ! allons ! en route, et chez le commissaire !

— Mais... madame... voulut dire Pivoine, qui commençait à pleurer.

— File devant, reprit la mégère, en lui coupant la parole, et *tais ton bec*, ou je cogne !

Afin de faire comprendre à nos lecteurs les motifs de cette incroyable scène, il est bon de les mettre au fait des antécédents de l'honorable marchande.

Paméla Carcan, outre son commerce de friperie, se livrait avec le plus grand succès aux lucratives pratiques du *recel*.

C'est de là que venaient les plus clairs de ses bénéfices.

Elle se bornait du reste à une spécialité dans ce genre d'opérations, évitant soigneusement toute accointance avec les *voleurs* proprement dits, et recherchant cette classe de filous qui, laissant de côté comme moyens trop dangereux l'escalade et l'effraction, cultivent l'escroquerie et se font livrer, grâce à de faux noms et à des qualités d'emprunt, toutes sortes de dentelles, de soieries, de pièces d'étoffes, etc., etc., par des marchands confiants et dupés.

Pour ces malfaiteurs anodins, Paméla Carcan avait toujours en réserve une foule de prévenances, de petits soins et de pièces de cent sous.

Or, malgré ses précautions habiles, la police avait eu vent de certains trafics clandestins, et peu de jours avant l'époque à laquelle se passent les faits que nous racontons, Paméla était allée s'asseoir, en nombreuse compagnie, sur les bancs de la police correctionnelle.

Malheureusement, faute de preuves, MM. les juges

de la sixième chambre se virent obligés de renvoyer la prévenue des fins de la plainte.

Toutefois, la leçon avait été bonne, et Paméla s'était juré... de redoubler d'adresse à l'avenir. Aussi saisissait-elle avec empressement l'occasion qui se présentait de faire éclater son zèle vertueux et sa probité sans tache aux yeux de monsieur le commissaire de police de son quartier, en démontrant à ce magistrat qu'elle aimait mieux manquer une excellente affaire que de violer, même légèrement, les ordonnances de police.

Pivoine allait être l'innocente victime offerte en holocauste à la bonne renommée de madame Carcan.

Or, joignant le geste aux paroles et répétant avec un nouvel emportement :

— En route, et *tais ton bec*, ou je cogne ! Cette dernière s'apprêtait à pousser dans la rue la jeune fille éplorée, quand un nouveau personnage entra dans la boutique

XII

LES ÉPOUX CARCAN.

Le dernier venu (chose phénoménale!) offrait le type d'une laideur plus repoussante encore que celle de la maîtresse du logis.

C'était une sorte de nain, portant sur deux jambes torses et courtes un buste carré et trapu, surmonté d'une tête énorme.

Cette tête, que la nature semblait avoir destinée à couronner les épaules de quelque Titan, empruntait ses agréments principaux, d'abord à un œil factice en émail, sans cesse immobile dans son orbite profonde, et ensuite à une dent longue et jaune, laquelle, sortant à demi de la bouche, soulevait la lèvre supérieure de la façon la plus hideuse.

On eût dit *Quasimodo*, sauf bien entendu la poésie terrible répandue par notre grand poëte sur le gnôme de sa *Notre-Dame*.

Ce personnage était coiffé d'un large béret de calicot blanc, une veste blanche et un grand tablier à demi-retroussé complétaient son costume.

— Ah! te voilà, monsieur Carcan, dit la fripière en le voyant.

— En personne, tendre épouse, répondit le nain, affectant une mine joviale du plus bizarre effet, histoire de te dire un petit bonjour en passant, ô Paméla!

— Tu viens à propos.

— Comme ça se trouve!

— Garde la *cassine* pendant que je me débarrasse de la créature que voici.

Pivoine redoubla ses sanglots.

Monsieur Carcan fixa sur elle son œil unique, qui s'enflamma tout aussitôt.

— Tiens! tiens! tiens! dit-il, qu'est-ce qu'elle a donc fait, cette jeunesse?

— Ça ne te regarde pas!

— Mille excuses, madame Carcan, mais comme je suis votre *légal*, je me reconnais le droit de vous interroger, et tu sais comment je fais valoir mes droits, chère amie.

— Eh bien! voici...

Et la fripière, obéissant à la demi-menace de M. Carcan, raconta ce que nous savons déjà, récit coupé par de nombreuses invectives à l'adresse de la pauvre Pivoine que le nain continuait à couvrir de son regard fixe et brûlant.

— C'est tout? demanda-t-il quand elle eut fini.

— Il n'y en a peut-être pas assez comme ça !

— Madame Carcan, cette susceptibilité te fait le plus grand honneur, je me plais à le déclarer, mais elle me chagrine beaucoup! il n'y a pas là de quoi fouetter un chat...

— Ah! tu trouves...

— Oui, je trouve... Donc, paie cette petite, qui est *gentille tout plein*, et laisse-la filer.

— C'est ton idée?

— C'est mon idée.

— Eh bien ! ça n'est pas la mienne.

— Tant pis !

— Je veux la conduire chez le commissaire, et je l'y conduirai.

— Tu crois?

— J'en suis sûre, et pas plus tard que tout de suite. Allons, en route !

— Madame Carcan ! madame Carcan ! méfie-toi ! je te défends de bouger!

— Toi !

— Moi.

— Tu me défends...

— Net.

— Je m'en *fiche !*

— Ah ! tu t'en *fiches?*

— Très-bien !

— Nous allons voir...

Et, tout en parlant, le nain prit un manche à balai dans un coin du magasin et décrivit un moulinet rapide.

Sans doute madame Carcan avait expérimenté plus d'une fois les bons effets de cet instrument domestique entre les mains de son mari, car elle courba instinctivement les épaules, laissa échapper une bordée d'effroyables jurons, et finit par s'écrier :

— Monstre d'homme ! dire qu'il faut toujours en passer par où il veut. Ah ! brigand ! je cède, mais tu ne mourras que de ma main !

— Tendre épouse, j'en accepte l'augure... à charge de revanche... Au reste, puisque te voilà redevenue gentille, je lâche *Vigoureux*.

Vigoureux, c'était le manche à balai que M. Carcan reposa dans son coin.

La fripière, dévorant à grand'peine sa rage intérieure, ouvrit un tiroir, compta trois francs en gros sous, et jetant à Pivoine cette masse de billon, dit en lui montrant les deux poings :

— Sors d'ici, malheureuse, vite et tôt ! et prends bien garde que je ne te rattrape !

La jeune fille se crut sauvée et s'élança dans la rue.

— Bonsoir, Paméla, bonsoir, fit alors le nain en ricanant ; tu es une épouse adorable, et je suis ton serviteur de tout mon cœur ! parole d'honneur ! Bien des choses à *Vigoureux* !

Puis, après avoir envoyé du bout des doigts à sa femme

un baiser dérisoire, M. Carcan sortit à son tour et suivit la jolie Normande.

> Il faut des époux assortis
> Dans les lieux du mariage...

dit un refrain devenu proverbial.

Vérité ou paradoxe, ce dicton trouvait une éclatante confirmation dans l'accouplement des époux qui viennent de passer sous les yeux de nos lecteurs.

Jamais, peut-être, l'écharpe officielle d'un maire ou d'un adjoint n'avait consacré l'union de deux laideurs physiques et morales aussi parfaitement assorties et aussi dignes l'une de l'autre.

Quel concours fortuit de circonstances bizarres avait amené cet invraisemblable rapprochement? Voilà ce que nous pourrions dire sans doute, mais les époux Carcan ne doivent pas jouer dans ce récit un rôle assez important pour que nous nous croyions autorisé à nous étendre longuement sur leur compte.

Toujours est-il que, quoique mariés sous le régime de la communauté, ils ne vivaient point ensemble et se trouvaient à la tête de deux établissements de genre bien différent.

Nous connaissons déjà la profession de Paméla.

Armodius Carcan (Armodius était son petit nom), faisait valoir, proche la barrière des Amandiers, une *gargotte* assez mal hantée.

Il ne venait guère chez sa femme que quand il avait besoin d'argent.

Dans ces circonstances, outre les ressources de son éloquence persuasive, il employait assez volontiers les arguments de *Vigoureux*, et se faisait ouvrir ainsi, mais non sans conteste, la bourse de la fripière.

Doué d'une très-complète collection de vices de toutes sortes, voleur, joueur, ivrogne et luxurieux, Armodius affectait une extrême bonhomie, se plaisait à la gaudriole, et cultivait le calembour.

Au physique et au moral, voilà l'homme.

Il sortit de la boutique, avons-nous dit plus haut, et suivit la jeune fille.

A peine avait-elle fait une centaine de pas, et tourné l'angle d'une rue, qu'il se rapprocha d'elle insensiblement et finit par l'aborder en lui touchant l'épaule.

Pivoine tressaillit et se retourna.

Mais elle reconnut celui qui, peu d'instants auparavant, avait pris sa défense, et ses lèvres pâlies ébauchèrent un sourire.

— Eh bien! ma jolie petite Normande, dit le nain en entamant la conversation d'une façon cavalière, j'espère que vous me devez une fière chandelle!

— Ah! monsieur! répondit la jeune fille, combien je vous remercie!

— Et vous avez raison, car sans moi ma coquine de femme vous menait chez le commissaire où il aurait fallu montrer vos papiers, ce qui est fort vexant! Vous avez des papiers, hein!

— Quels papiers, monsieur?

— Dame ! un passe-port, un livret...

— Mais non, monsieur, je n'ai rien de cela... je ne savais pas...

— Mauvaise affaire ! ma petite chatte... mauvaise affaire ! la police va vous récolter...

— La police ! s'écria Pivoine, qui, sans se rendre bien compte du sens de ce mot, s'en effraya cependant instinctivement.

— Hélas ! oui. Oh ! du reste, vous en serez quitte pour quelques mois de prison, et ensuite on vous fera reconduire chez vous par la gendarmerie.

— Mon Dieu ! est-ce possible ?... murmura la jeune fille.

— Je le crois bien, que c'est possible ! Possédez-vous une famille, pauvre bijou ?

— J'ai mon père, monsieur... balbutia Pivoine.

— Ça lui fera joliment plaisir, à monsieur votre père, de vous voir arriver comme ça ornée d'un brigadier ! et c'est inévitable.

— Mais alors... je suis... perdue... tout à fait perdue.

— Dame !... je ne vois pas trop ce que vous pourriez faire pour éviter cet inconvénient, partout où vous irez on exigera ces maudits papiers... qui vous manquent... à moins...

— A moins ?... demanda vivement la jeune fille.

— A moins que vous ne trouviez sur votre chemin un honnête homme qui voulût bien courir le risque de s'attirer quelque mauvaise affaire, et qui vous prît chez lui, sans garantie... à ses risques et périls...

— Mais qui fera cela, mon Dieu?...

— Je m'offrirais bien, car vous m'intéressez, pauvre mignonne...

— Vous?...

— Oui, mais...

— Mais, quoi, monsieur?

— Je tiens un *restaurant* très-fréquenté par le *beau monde*, voyez-vous. Chez moi, l'ouvrage est rude, et vous avez l'air si délicat...

— Oh! je suis forte, allez... plus forte que je ne le parais...

— Je ne vous donnerais pas de gages... dans le commencement, mais vous seriez bien nourrie... et traitée avec des égards. Voyons, voulez-vous en essayer?

— Oui, monsieur, oh! de tout mon cœur!

— Alors, c'est une affaire conclue. Topez là, bichette!

Et M. Carcan présenta à Pivoine sa main noire et huileuse, dans laquelle elle posa ses doigts mignons.

— Prenez mon bras, ajouta le gargotier, et marchons vite, car il y a loin.

La jeune fille accepta le bras que lui tendait Armodius, et tous deux continuèrent leur course, au grand ébahissement des passants qui se retournaient à plus d'une reprise pour revoir l'étrange assemblage de cette ravissante enfant et de ce nain hideux.

XIII

ARMODIUS.

L'établissement désigné par Armodius Carcan sous le fastueux pseudonyme de *restaurant*, était l'une de ces guinguettes qui pullulent aux alentours de certaines barrières de Paris.

Les salons consistaient en une vaste pièce, au rez-de-chaussée de la maison, laquelle d'ailleurs n'avait qu'un étage.

Dans cette pièce obscure et malpropre, deux douzaines de petites tables s'alignaient sur deux rangs.

Dans le fond, s'ouvrait la porte du laboratoire culinaire, antre fétide, où s'apprêtaient incessamment de suspectes gibelottes, et du bœuf d'un sexe douteux.

Les habitués étaient nombreux, mais peu choisis.

Ils se recrutaient, d'abord parmi cette population de prétendus *ouvriers*, fainéants débauchés, gibiers d'émeute et de potence, vermine sociale, que nous avons vue, aux mauvais jours de 1848, réclamer à grands cris *l'Organisation du travail* et *le Droit au travail*, ces spécieux prétextes de la plus honteuse oisiveté.

Venaient ensuite, et c'était l'aristocratie du lieu, ces hommes sans nom, qui monopolisent toutes les professions abjectes, et sont tour à tour, marchands de contre-marques, ouvreurs de portières, *allumeurs de chalands*, etc., etc.

M. Carcan avait sous ses ordres un marmiton et une servante, Flamande robuste qui suffisait à tout.

Voici les motifs qui l'avaient décidé à embaucher Pivoine.

Ils étaient au nombre de trois :

1º La nouvelle domestique ne lui coûterait rien;

2º Elle contribuerait par sa jolie figure à multiplier le nombre des pratiques;

3º Enfin, Armodius Carcan, lubrique comme un satyre, voulait faire de la jeune fille l'instrument à bon marché de ses honteux plaisirs, et comptait n'avoir à combattre de sa part qu'une très-faible résistance.

Pivoine fut donc installée immédiatement et mise au fait des fonctions qu'elle aurait à remplir; elle devait recevoir les *portions* dans la cuisine, des mains de M. Carcan ou de celles de la grosse servante, et, d'après les indications du maître de céans, en faire la distribution aux convives.

Nous ne saurions dire ce que la pauvre enfant eut à

souffrir dès les premiers moments de son arrivée dans ce bouge.

Elle n'était point vierge, nous le savons, mais elle était pure.

Qu'on imagine quelle dut être l'impression produite sur elle par l'effroyable cynisme des commensaux de la maison.

Sans cesse retentissaient à son oreille les obscénités les plus révoltantes, les descriptions les plus salement détaillées de turpitudes et de vices dont elle n'avait soupçonné jusqu'alors ni l'existence ni le nom.

Et le plus souvent les dîneurs pris de vin, mis en gaîté par ce qu'ils appelaient *de joyeux propos*, ne se bornaient point à des paroles, et la triste Pivoine avait à se défendre contre des caresses repoussantes et de grossiers attouchements.

Ce n'est pas tout encore.

Le moment arriva où M. Carcan résolut de mener à bonne fin le projet qu'il avait formé, et en des termes tels qu'il nous serait impossible de les reproduire, quoique notre plume ne fasse point profession de pruderie, il fit connaître à Pivoine ce qu'il attendait d'elle.

Quoique repoussé avec dégoût et avec terreur, il ne se tint point pour battu, et chaque jour, presque à chaque heure, il renouvela ses obsessions.

Rien ne corrompt comme le malheur! La pauvre Pivoine en arriva bientôt à regretter amèrement de ne s'être point livrée à l'étudiant Virgile, la première nuit de son arrivée à Paris.

Elle songeait à quitter la maison de M. Carcan. Mais où aller ? que faire ? que devenir ? Et comme, après tout, elle avait dans cette maison un asile et du pain, elle ne partait pas.

Cependant les désirs du nain augmentaient en raison même de la difficulté qu'il trouvait à les satisfaire.

Un beau soir, il résolut d'en finir.

Pivoine couchait dans une soupente pratiquée au fond de la cuisine. La grosse servante et le marmiton partageaient un lit de sangle au grenier.

Vers minuit, au moment où la jeune fille était plongée dans son premier sommeil, elle fut brusquement éveillée par une sensation bizarre et pénible.

Elle se crut d'abord sous le poids de quelque cauchemar, mais bientôt le doute ne fut plus possible : un homme se glissait dans sa couche.

Elle poussa un cri et fit un mouvement pour se jeter en bas du lit.

Deux bras nerveux se nouèrent autour de son corps et une voix qu'elle reconnut pour être celle de son maître lui dit tout bas :

— Tais-toi, petite, et sois gentille, tu ne t'en repentiras point.

L'épouvante de Pivoine s'accrut en même temps que son horreur ; elle redoubla d'efforts pour se dégager, mais elle comprit bien vite que ses efforts étaient impuissants et elle se mit à pousser des cris aigus, que M. Carcan chercha vainement à étouffer.

En ce moment, une ronde de nuit traversait le boulevard extérieur. Les gémissements de Pivoine furent entendus, et des crosses de fusil heurtèrent violemment la porte de la guinguette.

M. Carcan lâcha la jeune fille; mais avant d'aller ouvrir, il lui dit d'une voix menaçante :

— Si tu portes plainte contre moi, je te fais arrêter. Souviens-toi que tu n'as pas de papiers!

L'officier de ronde visita la maison et n'y trouva rien de suspect. Pivoine interrogée, déclara en balbutiant qu'elle avait eu peur sans motif et qu'elle avait crié sans raison.

La patrouille se remit en marche, et le reste de la nuit se passa sans amener de nouveaux incidents.

Le lendemain matin, M. Carcan appela Pivoine.

Elle accourut, toute tremblante et les yeux baissés.

Elle s'attendait à une scène de brutalité, ou tout au moins à de violents reproches. Il n'en fut rien.

L'époux de Paméla lui dit seulement d'un ton bref :

— Je te renvoie.

— Oui, monsieur, balbutia la jeune fille.

— Tu t'en iras demain.

— Oui, monsieur...

— Je te donnerai un certificat et dix francs, quoiqu'il ait été convenu entre nous que tu n'aurais pas de gages.

— Vous êtes... bien bon.

— Je le suis trop ! Quant à aujourd'hui, tu es encore à mon service, et je t'enverrai tout à l'heure en course.

— Oui, monsieur.

— Du reste, ajouta M. Carcan, réfléchis, Pivoine, il est temps encore... Je te garderai, si tu veux... avec quinze francs par mois, ce qui fait cent quatre-vingts francs par an... et c'est joli, mais tu sais à quelle condition. Voyons, ça te va-t-il ?

La jeune fille comprit et fit de la tête un signe de refus.

— A ton aise ! reprit le nain en ricanant, à ton aise ! Tu regretteras plus d'une fois ce que je viens de te proposer ; mais ça te regarde, fais à ton idée...

Et M. Carcan lui tourna le dos, tandis que son regard prenait une expression de contentement sinistre et qu'un mauvais sourire errait sur ses lèvres difformes.

Vers midi, il donna l'ordre à son marmiton d'aller chercher un fiacre à la station de la barrière des Amandiers.

Quand le véhicule fut arrivé devant la porte, il appela de nouveau Pivoine et lui dit :

— Je t'ai prévenue ce matin que tu irais en course aujourd'hui.

— Oui, monsieur.

— Il est temps de partir. La voiture est là qui t'attend.

— Où faut-il aller ?

— Je le dirai au cocher.

— Oui, monsieur.

— Il fait froid, prends le manteau de *Cadette* (*Cadette* était la grosse servante).

Pivoine obéit.

— Voici une lettre, poursuivit M. Carcan, tu la remettras à son adresse ; on te donnera quelque chose à rapporter, et tu reviendras tout de suite.

— Oui, monsieur.

— Avant de partir, avale-moi ce verre de vin, ça te tiendra chaud à l'estomac. Je te mets à la porte demain, mais ce n'est pas une raison pour que tu tombes malade aujourd'hui !

Tout en parlant, il présenta à la jeune fille un verre rempli de vin rouge qui se trouvait là comme par hasard.

Pivoine porta ce verre à ses lèvres et avala deux gorgées de son contenu.

Puis elle le reposa sur la table avec un dégoût manifeste.

— Qu'est-ce que tu as donc ? lui demanda M. Carcan, est-ce que le vin est mauvais ?

— Il me semble que oui, monsieur.

— Allons donc ! c'est une idée que tu te fais ! un petit *Mâcon* charmant !

— Je me suis peut-être trompée...

— Il n'y a pas de doute... tu vas voir comme ça te fera du bien.

Et le sourire sinistre dont nous avons parlé tout à l'heure se remontra de nouveau sur la bouche du nain, qui reprit :

— Allons, en route!

Pivoine monta dans la voiture.

M. Carcan cria au cocher :

— Bercy, quai de la Râpée, n° ***.

Le fiacre partit, et le mari de Paméla se frotta joyeusement les mains.

XIV

VIRGILE.

Parmi les nombreux *restaurants* qui garnissent dans toute sa longueur le quai de la Râpée à Bercy, il en est un d'un genre tout à fait spécial.

Ce restaurant, bien tenu d'ailleurs et très-fréquenté, peut se ranger dans la catégorie des *maisons à parties*.

Ses trois étages sont occupés presque en entier par une multitude de cabinets de toutes les dimensions, et, pendant les beaux jours de l'été ou de l'automne, de petites voitures aux stores discrètement baissés se succèdent incessamment à la porte du logis hospitalier, et l'on voit entrer furtivement des couples amoureux pour lesquels le dîner n'est guère qu'un accessoire et un reconfortant, — du moins nous avons tout lieu de le supposer.

De mauvaises langues ajoutent même que M. Tonnelier, le maître de la maison, se charge volontiers de procurer une compagnie *aimable* aux hôtes masculins qui viennent seuls chez lui et que la solitude ennuie.

Nous ne savons à quoi nous en tenir à cet égard.

Quoique la *Guinguette* de la barrière des Amandiers et la *maison* du quai de la Râpée, fussent, l'une tout en bas l'autre presqu'au milieu des degrés de l'échelle culinaire et sociale, Armodius Carcan et l'hôte de Bercy avaient ensemble des relations suivies, et c'est à ce dernier qu'était adressée la lettre remise à Pivoine.

Le fiacre s'arrêta et la jeune fille descendit en chancelant.

C'est à dessein que nous disons : *en chancelant*, car, pendant toute la durée du trajet, elle avait été en proie à un malaise singulier. Sa tête était lourde, et de minute en minute, des éblouissements et des vertiges passaient devant ses yeux.

Elle entra dans la maison et donna à M. Tonnelier la lettre dont elle était chargée.

Le restaurateur la lut en riant aux éclats, regarda curieusement Pivoine, cligna de l'œil, se remit à rire, et murmura entre ses dents :

— Farceur de Carcan ! va !

— J'attends la réponse, monsieur, dit la jeune fille.

— Ah ! ah ! la réponse... tout à l'heure, mam'zelle, tout à l'heure... il faut le temps de se procurer ce qu'il demande, votre satané farceur de maître...

M. Tonnelier s'interrompit pour rire de nouveau, puis se tournant vers l'un des garçons, il lui dit :

— Du feu au n° 4.

Le garçon disparut.

Pivoine sentait redoubler son étrange malaise.

Au bout de trois minutes, le garçon vint prévenir son maître que le cabinet était préparé.

— Voulez-vous venir, mam'zelle? dit alors M. Tonnelier à Pivoine.

La jeune fille le suivit.

Ils montèrent au premier étage, traversèrent un corridor dans lequel donnaient huit ou dix portes numérotées et arrivèrent en face de celle qui portait le n° 4.

Le restaurateur l'ouvrit.

— Attendez-moi là, dit-il; je suis à vous dans un instant.

Et il ressortit.

La pièce dans laquelle se trouvait Pivoine était un très-petit cabinet tendu d'un papier rouge imitant le damas. Il y avait sur la cheminée une pendule arrêtée, et des vases embellis par une profusion de fleurs artificielles.

L'ameublement consistait en une table, des chaises et un divan.

L'unique fenêtre prenait jour sur un jardin assez vaste et tout à fait désert.

Pivoine s'assit sur le divan.

Au bout d'une seconde, sa tête se pencha, il lui sembla qu'un bandeau de plomb lui courbait le front et contraignait ses paupières à se fermer.

Elle s'accouda à l'un des oreillers et s'endormit profondément.

M. Tonnelier, en sortant, avait fermé la porte à double tour et mis la clef dans sa poche.

Pivoine ne s'en était point aperçue.

Peu de minutes après l'arrivée de la jeune fille, il se fit dans la maison un grand mouvement et un grand tapage.

Huit ou dix jeunes gens qui, malgré le froid, venaient de guider leurs canots rapides sur les eaux troublées de la Seine, faisaient irruption dans les cuisines et réclamaient du maître de la maison, dont ils étaient d'ailleurs bien connus, un repas copieux et surtout promptement servi.

Ces jeunes gens, chaudement encapuchonnés dans leurs *vareuses* doublées d'écarlate, étaient des étudiants.

L'un d'eux, Virgile, a déjà traversé ce récit.

Ils furent installés dans la plus grande pièce de la maison, le salon n° 5.

Ce salon, contigu au cabinet dans lequel dormait Pivoine, n'en était séparé que par une mince cloison de briques posées sur champ.

Et certes, il fallait que le sommeil de la jeune fille fût bien profond pour résister au vacarme étourdissant qui suivit l'arrivée des étudiants.

Mais la dose de laudanum versée par Armodius Carcan dans le verre de l'enfant, était effrayante, et suffisait peut-être non-seulement pour endormir, mais pour tuer.

Aussi Pivoine dormait toujours.

Voici ce qui se passait dans le salon voisin.

En quelques instants, la table avait été chargée de larges tranches de bœuf fumé, de poulets rôtis froids, etc., etc., le tout en attendant les gigots et les rostbeaffs qui se préparaient activement.

Devant chaque convive se trouvait, en guise de verre, un de ces récipients de grande dimension vulgairement connus sous le nom de *choppes*.

Ces choppes contenaient la valeur d'une demi-bouteille environ, et les jeunes gens les remplissaient sans cesse d'un joli petit vin de Torins, limpide comme du rubis en fusion, qui circulait activement autour de la table.

Un seul, morose et taciturne, laissait sa choppe pleine et semblait absorbé tout entier par quelque sombre rêverie.

C'était Virgile.

A le voir ainsi soucieux, au milieu de la joie expansive de ses camarades, on eût pu conjecturer hardiment que si son corps assistait matériellement à ce bruyant repas, sa pensée vagabondait au loin.

Son voisin finit par s'impatienter de ce continuel silence et cria, tout en lui poussant le coude :

— Virgile ! eh ! Virgile !

L'étudiant releva la tête en demandant :

— Qu'y a-t-il ?

— Tu ne croirais pas une chose, mon bon ?...

— Laquelle ?

— C'est que tu es amusant comme un professeur de droit !

— Qu'en sais-tu ? répondit ironiquement Virgile, tu n'as jamais mis les pieds à l'école.

— Une épigramme n'est pas une réponse...

— Tant mieux...

— Comment, tant mieux ?

— Oui, ça confirme un proverbe que j'aime.

— Un proverbe !

— Celui-ci : *A sotte question point de réponse.*

— Fort bien ! mais ce n'est pas de cela qu'il s'agit...

— De quoi donc, alors ?

— De me donner une explication.

— Une explication ? moi ? à toi ? tu plaisantes, sans doute ?

— Nullement.

— J'avoue que ne saisis pas très-bien...

— Je vais me faire comprendre... Mais d'abord, messieurs, ajouta le voisin de Virgile en frappant la table avec le manche de son couteau et en élevant la voix, je réclame un instant de silence, à l'effet de pouvoir faire subir à notre camarade Virgile *un interrogatoire sur faits et articles*, interrogatoire auquel il va être procédé avec le décorum et le cérémonial d'usage en pareil cas...

— Chut ! chut ! murmurèrent les convives, écoutons, écoutons !

— Ah çà ! Margueret, demanda Virgile à l'étudiant qui venait de parler, est-ce que tu aurais la prétention de me faire *poser*, par hasard ?

— Du tout, mais j'ai celle de te faire expliquer, devant nos amis que voici, ta conduite d'abord, qui depuis un mois est fort singulière, puis ensuite, tes façons d'agir avec nous, lesquelles, à partir de la même époque, sont devenues au moins bizarres.

— Ma conduite... mes façons d'agir !... tu es fou, Margueret !

— Je ne crois pas.

— Voyons, articule tes griefs, dit Virgile en riant d'un rire un peu forcé.

— Nous y voilà ! à la bonne heure ! Je commence :

« Naguère, et ce temps est proche encore, nous trouvions en toi, ô Virgile ! la fleur du quartier latin !

« Bon vivant, gai déjeuneur, joyeux dîneur, charmant soupeur, danseur folâtre, flâneur par goût, noceur enfin dans la pompeuse acception du mot, voilà ce que tu fus, ô Virgile !

« Tu étais l'âme de nos réunions, le roi de nos bals, le dictateur de nos estaminets !

« De la rue Mazarine aux murs du Panthéon, les jolies grisettes parlaient de toi avec des sourires d'amour. Les belles limonadières se troublaient à leur comptoir et rougissaient doucement quand tu passais à portée de leurs regards. Les étudiants de première année étu-

diaient tes airs de tête et ramassaient dans la rue les
cendres de ton cigare...

« Rien ne manquait à ta gloire !

« Aujourd'hui tu manques à la nôtre !

« Virgile, qu'es-tu devenu ?

« Depuis un mois, plus de ris, plus de jeux ! On ne
.e voit nulle part, et si le hasard permet qu'on te rencontre, c'est dans quelque quartier perdu, errant le regard morne, et de l'air d'une âme en peine

« Tu ne mets plus les pieds chez tes amis. Quand ils
viennent chez toi, ils trouvent ta porte close. On t'invite
à souper, tu manques de parole ; on va te chercher, tu
es sorti ; et si, comme aujourd'hui, on vient à bout de
t'entraîner, tu glaces les mieux en train par ta farouche
contenance et tu restes immobile sur ta chaise, ainsi
qu'une momie égyptienne, sans boire et sans parler !

« O Virgile, qu'est-ce que tu as ?

« Rien ne soulage comme de confier ses chagrins,
crois-en cet axiome bienfaisant et épanche dans nos
seins, ô Virgile, tes douloureux secrets ! »

D'enthousiastes bravos accueillirent cette péroraison
haleureuse, Virgile lui-même ne put s'empêcher de mordre sa moustache dans un demi-sourire, il secoua la tête
ensuite et répondit :

— Vous voulez savoir ce que j'ai ?

— Oui ! oui ! oui !

— Par curiosité ?

— Par intérêt !

— Et quand je vous l'aurai dit, vous n'aurez pas assez de railleries ni de sarcasmes à faire pleuvoir sur moi !

— Je réponds sur ma tête de la bonne tenue de nos collègues, en face de ta grande infortune, dit Margueret, d'un ton comiquement solennel.

— Après tout, continua Virgile, riez, moquez-vous, et puisque je suis ridicule, guérissez-moi par le ridicule ! c'est de l'homéopathie morale !

— Mais enfin, quoi ? qu'y a-t-il ? demandèrent deux ou trois étudiants.

— Il y a que je suis...

Virgile hésita.

— Que tu es ?... reprirent en chœur les voix de tous les convives.

— Eh bien ! que je suis... AMOUREUX !

— Amoureux !

— Toi ?

— Allons donc !

— Et de qui ?

— Est-ce de Clo-clo ?

— De Nini ?

— De Follette ?

— De Frisette ?

— Est-ce de Rose-Pompon ?

— Est-ce de Mogador ?

— Est-ce d'une ancienne à toi ?

— Est-ce de la femme de l'un de nous ?

Ces questions, ces exclamations, partant de tous les coins à la fois, se croisèrent, se heurtèrent.

— Est-ce que j'aimerais une des femmes que vous venez de citer ? vous n'y songez pas, mes très-chers ? fit Virgile d'un ton dédaigneux.

— Mais qui donc ?

— Pivoine !

A ce nom, les convives se regardèrent et dans chaque regard il y avait une question muette.

Mais toutes les réponses furent négatives. Personne ne connaissait Pivoine.

— Oui, poursuivit Virgile avec une sorte d'enthousiasme, oui, je l'aime... je l'aime comme un fou... et je me sens mourir de honte et de rage en songeant que c'est à ma grossière ivresse, à ma brutalité sans nom, que je dois d'avoir perdu cette femme... cet ange... que je n'ai vu qu'une heure, que j'aimerai toujours, et que je ne retrouverai jamais !

Puis l'étudiant appuya ses coudes sur la table, cacha sa tête dans ses deux mains, et, quoi qu'on pût lui dire, refusa de répondre.

XV

LE CABINET PARTICULIER.

— Ça ne peut pourtant pas se passer comme ça ! s'écria Margueret, le jeune orateur dont il nous a été donné, il y a qu'un instant, d'apprécier l'éloquence. Virgile mérite un châtiment exemplaire et dont le seul souvenir fasse frémir d'horreur les petits-enfants de nos arrière-petits-fils ! Donc je lui vote...

— Quoi ? demanda l'un des convives.

— Une *scie* ! répondit Margueret.

Cette proposition excita le plus vif enthousiasme et fut adoptée à l'unanimité.

Le mot : *Scie*, emprunté au vocabulaire des ateliers, signifie l'une de ces interminables complaintes qui n'ont littéralement ni *rime* ni *raison*, et se chantent sur une mélopée de la plus insoutenable monotonie.

Il est rare que l'auditeur ou la victime d'une *scie*,

puisse entendre le dixième couplet sans avoir une attaque de nerfs.

Au quinzième, il se trouve mal.

Et l'on a vu des gens bien constitués devenir épileptiques au vingtième.

Certaines scies ont acquis une popularité immense, et, comme les chansons de Béranger, ont fait le tour du monde.

— Je commence, dit Margueret, chacun improvisera son couplet, et tout le monde *bissera* le refrain en chœur.

« On est libre d'applaudir, mais on n'a pas le droit de siffler ! C'est le programme de plus d'un gouvernement !

« Attention ! premier couplet :

Et l'étudiant, après s'être recueilli pendant une seconde, entonna d'une voix lugubre et d'un air lamentable la *chose* ci-après :

> Le pauv' Virgile est ben malade
> Il ne mange plus que d' la panade
> D'puis qu'il a rencontré un' belle
> Non moins farouche que cruelle !
>   Oh ! la, la, la,
>   Oh ! la, la, la,
> Le beau sexe est bien scélérat.

Les jeunes gens assombrirent aussitôt leur physionomie à l'instar de celle du chanteur, et répétèrent à deux reprises, avec l'accent de condamnés que l'on mène au supplice :

Oh! la, la, la,
Oh! la, la, la,
C'est un sexe bien scélérat.

— Pas mal, fit Margueret, à ton tour, Gustave, et ne nous fais pas languir ! songe aux lauriers de monsieur de Pradel !

Ainsi mis en demeure, le second chanta :

Quand on lui propos' de s' distraire,
Il n' vous répond qu'en vous f'sant taire ;
Il est bourru comme un Pandour,
V'là d' quoi qu'est caus' le gueux d'amour !
Oh! la, la, la,
Oh! la, la, la,
Que c' *moutard* est donc scélérat.

Le refrain fut bissé, et un troisième improvisateur entonna le couplet suivant :

Jadis il sablait du champagne,
Sans jamais battre la campagne
A c't' heur' pour calmer sa passion
Il n' boit qu' du ratafiat d' poisson,
Oh! la, la, la,
Oh! la, la, la,
C'est un breuvag' bien scélérat.

Et tous les convives de répéter :

Oh! la, la, la,
Oh! la la la,
C'est un breuvag' bien scélérat !

Virgile restait impassible et semblait ne point entendre.

Margueret s'écria :

— Dites donc, messieurs, il me semble que nous ne sommes guère amusants ! *chauffons* un peu ! et, si c'est possible, soyons drôles !

— Je m'attribue le quatrième couplet, comme la *scie* doit en avoir cent cinquante, ne soyez pas jaloux !

Et il chanta :

>Amis, la charité l'exige,
>Cherchons la Vénus Callipige,
>A Virgil' donnons-la pour femme
>Afin d' distraire un peu son âme !
>>Oh ! la, la, la,
>>Oh ! la, la, la,
>C'est c' mariag'-là qui le guérira.

On allait répéter en chœur le refrain de la *Scie*, lorsque Margueret qui, dans le feu de l'inspiration, laissait errer son regard à droite et à gauche, le fixa tout à coup sur l'une des parois du salon et imposa silence aux chanteurs par un : *Chut !* bref et impérieux.

— Qu'y a-t-il ? demanda-t-on.

— Il y a, mes amis, répondit le jeune homme, que peut-être une magnifique occasion se présente en ce moment de nous initier aux fêtes de Paphos et aux mystères galants de Cythère.

— Que veux-tu dire ?

— Regardez ! répliqua l'étudiant en désignant avec le bout du doigt la cloison qui lui faisait face.

Dans cette cloison, à environ sept pieds de terre, il y avait une ouverture cylindrique pratiquée jadis pour laisser passer le tuyau d'une cheminée à la prussienne, et aujourd'hui fermée par une rondelle de bois revêtue d'un papier semblable à celui de la tenture.

— Eh bien ? fit quelqu'un.

— Eh bien ! s'écria Margueret, en ayant soin cependant de mettre une sourdine à sa voix, ce trou va nous livrer les secrets du cabinet voisin, et que fait-on, je vous le demande, dans les cabinets particuliers de ce respectable établissement ?

— C'est juste ! dit un des convives.

— Mais, interrompit un autre, si le cabinet est vide...

— Dame ! dans ce cas-là, nous serons volés ! mais c'est peu probable. Du reste attendons un instant, nous allons bien voir !

Margueret quitta sa place, monta sur une chaise qu'il approcha du mur, puis, enlevant sans bruit la rondelle, il encadra dans l'ouverture son visage curieux.

Il n'était pas à ce poste d'observation depuis une seconde que déjà les plus pressés le tiraient par les pans de sa vareuse.

Enfin il se décida à sauter en bas de sa chaise, et l'un des étudiants le remplaça immédiatement au guichet improvisé.

— As-tu vu quelque chose ? lui demanda-t-on.

— Parbleu !

— Quoi ?

— Une femme.

— Seule ?

— Oui.

— Jeune ?

— Je le crois.

— Jolie ?

— Je n'en sais rien.

— Tu n'en sais rien !...

— Non, je n'ai pas vu son visage.

— C'est une raison... Et, qu'est-ce qu'elle fait ?

— Elle dort.

— Malgré le bruit que nous faisions tout à l'heure...

— Oui.

— Impossible !

Regardez plutôt... elle est étendue sur le divan et sa tête s'enfonce dans l'un des oreillers, mais ce qu'il y a de plus drôle...

— Eh bien ?...

— C'est qu'elle est déguisée...

— Bah !

— En paysanne normande... charmant costume, parole d'honneur !

Margueret n'avait point achevé ces dernières paroles au milieu de l'ébahissement de ses auditeurs, que déjà Virgile s'élançait de la table où il était resté, solitaire et toujours taciturne.

Il prit à bras-le-corps l'étudiant qui se trouvait en possession de la lucarne, le posa brusquement à terre, et le remplaçant sans façon, attacha son regard avide sur l'intérieur du cabinet voisin.

XVI

LE CABINET PARTICULIER.

(*Suite*).

Du premier coup d'œil, Virgile reconnut Pivoine.

A cette vue, une joie profonde et complète s'empara de lui d'abord.

Mais bientôt il se demanda quel inexplicable hasard avait amené la jeune fille dans cette maison suspecte, et comment il pouvait se faire qu'il la retrouvât ainsi, isolée et semblant endormie.

La solution de ce problème ne se fit pas attendre.

La porte du cabinet tourna sans bruit sur ses gonds discrets, et Virgile vit apparaître, avec une surprise dont nos lecteurs se rendront compte facilement; l'horrible personnage d'Armodius Carcan.

L'époux de Paméla avait quitté pour cette *solennité* son inévitable veste blanche et son tablier sale.

Il était pompeusement vêtu d'un habit bleu-barbeau à

larges basques, d'un pantalon écossais gris et vert, d'un gilet de poil de chèvre jaune, et il portait en guise de cravate un foulard d'un rouge éclatant.

Ce luxueux costume avait orné pendant longtemps l'étalage de madame Carcan, et *monsieur*, l'ayant trouvé de son goût, se l'était approprié.

Armodius semblait rayonnant de contentement.

Son œil unique pétillait de luxure.

Il referma soigneusement la porte et poussa les verrous intérieurs.

Ensuite il s'approcha du divan sur lequel reposait la jeune fille et s'écria :

— A nous deux, la belle, à nous deux !

. . . .
. . . .

Virgile en avait assez vu.

Il sauta par terre au milieu des étudiants, qui s'effrayèrent de sa pâleur livide et du double et sinistre éclair jaillissant de ses prunelles.

Il sortit du salon sans prononcer une parole, s'approcha de la porte du cabinet n° 4, et, appuyant son épaule contre cette porte, d'un seul choc il la jeta dans l'intérieur, arrachant à la fois les gonds et les verrous.

Monsieur Carcan poussa un cri d'épouvante et de colère.

Virgile marcha droit à lui, le renversa comme un enfant malgré sa résistance furieuse, le traîna par le collet de son habit jusqu'auprès de la fenêtre qu'il ouvrit, le souleva dans une irrésistible étreinte, car l'indignation avait décuplé ses forces, et, de la hauteur du premier étage, le précipita dans le jardin.

Ceci fait, l'étudiant revint à Pivoine dont le sommeil, ou pour mieux dire l'évanouissement, n'avait point cessé, il la saisit à son tour dans ses bras, puis, chargé de ce doux fardeau, il quitta la maison et monta dans une voiture de remise qui stationnait près de la porte du restaurant, et reprit aussitôt le chemin de Paris.

Disons en passant que le misérable Armodius, plus heureux qu'il ne le méritait, n'eut d'autre mal que quelques contusions légères après une chute dans laquelle un honnête homme se serait brisé cent fois.

———

Ainsi que les chats, dont il partageait d'ailleurs le naturel pervers, il se releva sain et sauf, et, pour des raisons faciles à deviner et à apprécier, il jugea convenable de ne point porter plainte.

Rejoignons, si vous le voulez bien, l'étudiant et Pivoine.

Virgile, pendant le trajet de Bercy à la rue de la Harpe, couvrit de baisers et de larmes les mains et le visage de la pauvre fille, toujours inanimée et ne donnant d'autres signes de vie que de faibles soupirs exhalés à de longs intervalles.

Le sauveur de Pivoine n'était rien moins que sentimental; d'habitude, il menait lestement ses faciles tendresses, et nous pouvons affirmer que si, le soir de son arrivée à Paris, la jolie Normande se fût donnée à lui sans conteste, au bout d'une semaine il ne s'en fût pas soucié davantage que des volages grisettes et des lorettes délurées dont il avait été jusqu'à ce jour l'heureux vainqueur.

Mais l'étrangeté de ces courtes relations avec Pivoine, la scène qui en avait été le dénouement et dans laquelle (il se l'avouait à lui-même) son rôle avait été fort triste, la fuite de la jeune fille, l'impossibilité de retrouver sa trace, le hasard presque miraculeux qui venait de lui rendre la pauvre enfant, toutes ces circonstances réunies avaient triomphé de la légèreté habituelle de son cœur, qui, pour la première fois, était plein d'un amour, sinon profond, du moins sincère.

Aussitôt arrivé, après avoir couché Pivoine dans son lit et mis en réquisition la maîtresse de l'hôtel qu'il chargea de veiller en son absence auprès de la malade, il courut chercher un de ses amis, étudiant en médecine, d'une haute intelligence et d'un savoir précoce.

Le jeune médecin jugea qu'un puissant narcotique, pris à une effroyable dose, mettait en grand danger les jours de la pauvre fille, et n'osant accepter la responsabilité du traitement à ordonner, réclama l'assistance du docteur P... son professeur, et l'une des illustrations scientifiques de notre époque.

Les remèdes les plus énergiques furent mis en œuvre

sur-le-champ, et Pivoine ne tarda point à revenir à elle-même.

Mais, en même temps qu'elle reprenait ses sens, une fièvre ardente se déclarait, compliquée de délire et de crises nerveuses.

Le danger avait changé de nature, sans devenir moins terrible.

Le docteur P... ne répondait de rien.

Cela dura toute une semaine.

Pendant huit jours et pendant huit nuits, Virgile ne quitta pas d'une seconde le chevet de cette couche où se tordait la malheureuse jeune fille, au milieu des visions insensées de la fièvre.

Jamais une mère, tremblant pour la vie de son unique enfant, ne fut plus saintement dévouée.

Enfin arriva le moment où le docteur P... prononça ce mot consolateur :

— J'espère !

Virgile se jeta à son cou et l'embrassa comme on embrasse un frère.

Du reste, le docteur ne s'était point trompé.

Peu à peu le délire diminua, puis disparut complétement.

Pivoine était sauvée.

Or, la première figure qu'elle entrevit au moment où la raison lui revenait, fut la figure de Virgile.

La première voix qui retentit à son oreille fut la voix de Virgile.

Et, durant sa longue convalescence, c'était encore Virgile, qui toujours auprès d'elle, infatigable et joyeux, semblait renaître en la voyant revivre, et devinait, pour la prévenir, jusqu'au moindre de ses caprices.

Que pouvait-elle, que devait-elle répondre, lorsque guérie enfin, elle entendit l'étudiant lui dire d'une voix tremblante et passionnée :

— Je serais mort si tu étais morte... tu vis... veux-tu vivre pour moi ?

— Oui, répondit-elle, je le veux.

Et elle se donna.

Disons-le bien haut, car nous croyons trouver dans cette première faute une sorte d'excuse pour toutes ses fautes à venir ; elle se donna, *reconnaissante*, mais *sans amour*.

Certes, Pivoine était douce et bonne, et dans son corps charmant elle avait une belle âme.

Peut-être, entre les mains d'un autre, fût-elle devenue l'une de ces femmes qui passent sur la terre comme des anges venus du ciel où ils retournent.

Mais Virgile ne savait pas aimer.

Il ne comprit point combien, à défaut d'innocence, il restait à sa jeune maîtresse de naïve chasteté.

Il chercha le plaisir, sans songer qu'il pouvait trouver le bonheur, et Pivoine fut initiée aux tristes enchantements de la vie du quartier latin.

Comme il le lui avait promis jadis, elle fut la mieux mise des *femmes* d'étudiants.

Elle eut des robes de soie et des châles Ternaux.

Félicité suprême ! elle posséda une montre en or, large comme une pièce de vingt sous. Elle put accrocher à sa ceinture étroite les breloques scintillantes d'une châtelaine Pompadour.

Elle connut les délices d'un souper chez Dagneaux, après une soirée trop courte dans une avant-scène des *Folies-Dramatiques*.

Elle polka au *Château-Rouge*.

Elle valsa à *Mabile*.

Hélas ! trois fois hélas ! elle dansa le cancan à la *Chaumière* et à la *Chartreuse*.

Elle entendit résonner à son oreille les hardis compliments des bons amis de son *époux*.

Elle fuma des cigarettes d'abord, des *Cinq sous* peu de temps après, et enfin des Panatellas, le tout avec l'aplomb d'un sportman émérite.

Elle chevaucha à âne au bois de Boulogne, et à cheval dans la forêt de Saint-Germain.

Elle chanta des gaudrioles.

Elle fit sa partie de dominos au café Procope et dans bien d'autres estaminets moins avouables.

Elle vécut enfin dans la flatteuse intimité des reines galantes du quartier.

Et tout cela la perdit peu à peu.

Elle restait fidèle à Virgile cependant, mais sans s'en apercevoir elle subissait la gangrène d'une démoralisation profonde.

La paysanne normande devenait grisette parisienne.
La pécheresse faisait son premier pas.
Pauvre Pivoine !
Qu'il y avait loin, mon Dieu, des grands bois de No-dême aux estaminets de la rue Saint-Jacques!

XVII

ARSÈNE BACHU.

Arsène Bachu, que nos lecteurs ont entrevu déjà dans une avant-scène de Bobino, tout bouffi d'orgueil par le succès de sa pièce de *Madelinette*, était né à Rouen en 1820.

Il était fils unique et il perdit sa mère avant d'avoir pu la connaître.

Son père, marchand de laines en gros, à l'enseigne bien connue du *Mérinos couronné*, le laissa orphelin à l'âge de quinze ans.

Arsène eut un tuteur honnête homme, qui sachant administrer habilement sa fortune, puis la liquider à propos, remit entre les mains de son pupille (lorsque, atteignant sa dix-huitième année, ce dernier fut émancipé), les titres réguliers de huit bonnes mille livres de rentes, solidement placées en rentes sur l'État.

Arsène avait reçu l'incomplète et vulgaire éducation universitaire du collège de sa ville natale, et n'en avait profité ni plus ni moins qu'un autre, c'est-à-dire que, sa philosophie achevée, il était sorti de l'école, rempli de suffisance, superficiellement instruit, mais au fond parfaitement ignorant.

Jusque-là, il n'y avait pas grand mal. Qu'importait au monde apès tout, qu'Arsène Bachu fût de la race des aigles, ou de celle de ces oiseaux tant dépréciés, et qui pourtant ont sauvé Rome.

Mais hélas, les *amplifications* des cours de rhétorique et la lecture de quelques poëtes et romanciers célèbres avait éveillé dans l'esprit de l'adolescent, les instincts littéraires les plus déplorables.

Il se disait tout bas qu'il serait un grand homme, et d'avance il choisissait sa place parmi la moderne pléiade.

Sitôt qu'il se trouva libre de son temps et de ses actions, il se mit à dévorer indistinctement toutes les productions poétiques, historiques, romanesques et romantiques, postérieures à la grande révolution littéraire de 1830.

Seulement, il est bon d'ajouter qu'il accueillit avec un égal enthousiasme les chefs-d'œuvre et les rapsodies, et que souvent grâce à un jugement singulièrement faux, il trouvait à ces platitudes un *ragoût* surhumain.

Une fois cuirassé de pied au cap, Arsène voulut faire ses premières armes, et le feuilleton du *Mémorial rouennais* reçut successivement une nouvelle intitulée : *Dom Pablo le tueur de femmes*, et une ode en quarante et une strophes : *les Rivales espagnoles*.

Nous demandons la permission de citer le début de

cette pièce originale, qui n'avait pas coûté à son auteur moins de six semaines de travail :

O mon cœur, bats moins fort ; Tais-toi, mon cœur ! Écoute
    La voix qui parle dans la nuit...
Est-ce un appel d'amour ? — Ah ! c'en est un, sans doute,
    De la femme qui me poursuit ! ! !

Depuis qu'elle me vit, la brûlante Andalouse,
    Du haut de son grand balcon noir,
Je crois, sur mon honneur, qu'elle est un peu jalouse,
    Et qu'elle me cherche le soir !

Elle est brune, elle est souple, et plus d'un gentilhomme
    Se damnerait pour ses appas !
Oui, — Mais moi j'aime ailleurs, et, quoiqu'on la renomme,
    De son amour je ne veux pas ! ! !

Celle que j'ai choisie est, ma foi, bien plus belle,
    Et son cœur est beaucoup plus pur !
C'est une Aragonaise à la vive prunelle
    Où se mire le ciel d'azur, etc.

Suivaient *trente-sept* strophes dans ce goût.

Cependant, comme le jeune Arsène avait quelque fortune, il trouva des flatteurs qui, moyennant un nombre raisonnable d'invitations à dîner, démontrèrent au débutant qu'il n'avait qu'à vouloir pour culbuter Victor Hugo et s'asseoir à sa place.

Mais Arsène, qui était bon prince, répondit modestement qu'il ne voulait détrôner personne et qu'il y avait assez d'espace en ce monde pour Victor Hugo et pour lui.

Cette réplique excita tout l'enthousiasme de la petite cour du jeune homme.

De son côté, le directeur du *Mémorial rouennais*, démontra à Arsène qu'il ne pouvait mieux faire que de devenir actionnaire de la feuille dont sa prose et ses vers étaient déjà les plus fermes soutiens.

Le brave garçon donna cinq mille francs, et chaque numéro du journal reçut quelqu'une de ses élucubrations.

Trois années se passèrent ainsi ; puis, enfin un jour, Arsène, blasé sur les adulations de son entourage, résolut d'ouvrir ses ailes dans un espace plus large, et de regarder le soleil face à face, ou, pour parler un langage moins prétentieux, d'aller récolter à Paris la riche moisson de gloire et d'or que lui promettait son talent.

Il partit.

Ceci nous reporte au commencement de l'année 1843.

Le premier souci du provincial en arrivant, fut de se loger d'une façon convenable.

Il trouva, rue de Vaugirard, non loin de ce cénotaphe qu'on appelle l'Odéon, il trouva, disons-nous, un joli petit appartement qu'il meubla presque en entier dans le style oriental, avec des tapis et des nattes, des divans bas, des cassolettes et des narguillés.

Le cabinet de travail, seul, fut d'un *Pompadour* coquet.

Arsène avait lu *Jérôme Paturot*, et la façade rutilante

de l'architecte chevelu lui avait donné au suprême degré l'horreur des ameublements *moyen-âge*.

Une fois installé, le jeune Rouennais songea à tirer parti des œuvres inédites qu'il avait en portefeuille...

Il se vêtit de noir, se ganta de blanc, et alla porter à la *Revue des Deux-Mondes* une *Méditation harmonique* qu'il avait jugée trop remarquable pour l'abandonner aux suspectes lumières d'un public de province.

—*Margaritas ante porcos!* se disait Arsène à lui-même.

De la *Revue des Deux-Mondes* il passa à la *Presse* et remit dans les bureaux un paquet soigneusement cacheté, contenant le manuscrit *des Trois Pendus*, roman en quatre volumes.

Au bout de quinze jours, il reçut deux enveloppes cachetées, aussi larges que des dépêches ministérielles, et portant les timbres, l'une de *la Presse,* l'autre de *la Revue.*

Arsène caressa sa moustache blonde et pâle, et se dit en rompant le cachet de la première lettre :

— Seraient-ce déjà des épreuves?

Et il lut :

« *Monsieur,*

« *Vos vers sont infiniment remarquables, mais nous nous sommes imposé la loi de n'admettre dans* la Revue *que des noms déjà connus et aimés du public.*

« *Croyez bien, monsieur, que nous regrettons vivement de ne pouvoir faire une exception en votre faveur.*

« *Agréez,* etc... »

— Bah! s'écria Arsène stupéfait, et la missive lui tomba des mains.

— Voyons l'autre! ajouta-t-il en entr'ouvrant, mais non sans défiance, la deuxième enveloppe.

Voici ce qu'elle contenait :

« *Monsieur,*

« *Votre roman renferme d'éminentes qualités d'intérêt et de style, aussi nous regrettons bien vivement que les traités antérieurs nous empêchent de le publier.*

« *Agréez, etc.* »

— Les paltoquets! fit l'homme de lettres indigné, les paltoquets!... ils sont plus à plaindre qu'à blâmer! d'ailleurs, dans leur ineptie, ils ne savent ce qu'ils font! Mais patience! quand un jour ils viendront ramper à mes pieds pour avoir de ma prose, je leur tiendrai la dragée haute! Et puis, que m'importent, après tout, et les journaux et les revues? il y a des éditeurs à Paris! Allons, en route, et sans perdre de temps! Ils m'apprécieront, ceux-là! Oui, ventre de biche, ils m'apprécieront!

Arsène feuilleta *l'Almanach des vingt-cinq mille adresses,* inscrivit quelques noms sur son agenda, prit une voiture, alla se faire restituer aux bureaux de *la Presse* le volumineux manuscrit des *Trois Pendus,* et donna l'ordre au cocher de le conduire rue de la Harpe.

XVIII

UNE VOCATION MALHEUREUSE.

Le magasin devant lequel s'arrêta la voiture n'offrait guère que le modeste aspect d'un cabinet de lecture.

Arsène entra, croyant se tromper, et apprit, non sans surprise, qu'il se trouvait bien réellement en présence d'un éditeur célèbre.

— Qu'y a-t-il pour votre service, monsieur? lui demanda ce dernier.

— Je viens vous proposer une affaire...

— Fort bien...

— Une excellente affaire...

— C'est comme cela que je les aime; de quoi s'agit-il, je vous prie?

— De la publication d'un roman?

— Ah! ah! et de quel auteur?

— De moi, répondit le jeune homme en faisant un écart de poitrine.

— Oserais-je vous demander votre nom, monsieur ?
Arsène se nomma.

Une moue caractéristique vint se dessiner sur les lèvres de l'éditeur.

Le Rouennais n'y prit pas garde, occupé qu'il était à dénouer les cordons de son manuscrit.

Il fut interrompu dans ce travail par une main qui lui touchait légèrement l'épaule.

— Hein ? demanda-t-il en se retournant.

— Ne vous donnez pas la peine de défaire ce paquet... lui répondit l'éditeur avec un sourire.

— Pourquoi donc ?

— Il m'est impossible de publier votre livre.

— Impossible !...

— Complétement.

— Mais, monsieur, c'est un roman inédit et des plus curieux.

— Je n'en doute pas.

— Le titre est parfait : *Les Trois Pendus*, rien que cela excitera la curiosité...

— Sans contredit.

— Et la table des chapitres seule donnerait envie de lire l'ouvrage, voyez plutôt.

Arsène saisissant alors une feuille volante, la mit, bon gré, malgré, sous les yeux de l'éditeur résigné.

Voici ce qui était écrit sur cette feuille :

« Première partie : *Le tombeau vide.*

« Chap. 1. — *L'œil crevé.*

« Chap. 2. — *Le cœur troué.*

« Chap. 3. — *La corde et le couteau.*

« Chap. 4. — *La nuit des quatre meurtres.*

« Chap. 5. — *Le brigand sans pieds.*

« Chap. 6. — *La torche sanglante.*

« Deuxième partie : *L'agonie et l'amour.*

« Chap. 1. — *La fille du pendu.* . . . .

. . . .

. . . .

Ces titres coquets remplissaient à peine un huitième de la page.

L'éditeur sembla parcourir rapidement le reste et tendit le feuillet à Arsène en lui disant :

— Voilà qui est beau.

— Ça vous décide?

— A quoi faire?

— A publier?

— Non pas!

— Mais au moins vous allez conserver mon manuscrit et le lire?

— Je m'en garderais bien!!!

— Pourquoi?

— Parce que tout cela, en ne changeant rien à ma détermination, me donnerait un regret de plus...

— Lequel?

— Celui de ne pouvoir être le parrain d'une œuvre aussi remarquable ; mais soyez convaincu, monsieur, que tous mes confrères, en cela plus heureux que moi, s'empresseront d'accueillir et de publier vos *Trois Pendus*.

— Vous regretterez d'avoir manqué cette affaire, dit Arsène en reficelant son manuscrit.

— Je le sais bien, répondit l'éditeur, mais, que voulez-vous ? on ne fait pas tout ce qu'on veut !!!

Dans cette même journée, le jeune Bâchu s'en alla frapper à cinq ou six portes différentes. Toutes furent inhospitalières.

Il ne lui restait plus à visiter qu'un seul éditeur, le plus barbu de tous ; il voulut, quoique singulièrement démoralisé, tenter la fortune jusqu'au bout, et se fit conduire à la rue des Beaux-Arts.

L'éditeur barbu l'écouta sans mot dire et ne lui répondit que ceci :

— Laissez-moi la *copie*, je ferai un petit travail sur le manuscrit, et dans huit jours je vous dirai à quelles conditions je puis publier.

Arsène sortit le cœur gonflé de joie.

— Enfin, se dit-il à lui-même, en voilà un qui va me lire et qui m'appréciera ! Les autres sont de vrais crétins.

La semaine écoulée, notre auteur regagna la rue des Beaux-Arts.

— Eh bien ? demanda-t-il.

— C'est fait, répondit l'éditeur.

— Vous avez terminé ?

— Sans doute... Nous disons : *Les Trois Pendus,* n'est-ce pas?

— Oui.

— Roman en quatre volumes?

— Oui.

— In-octavo?

— Oui.

— Beau papier, et vingt *feuilles,* soit 320 pages au volume, caractères neufs de l'imprimerie de Crété, à Corbeil?

— Oui.

— Ça sera deux mille francs.

— Cela me paraît bien peu, fit Arsène.

L'éditeur le regarda d'un air étonné et répondit :

— Le fait est que j'ai calculé tout au plus bas, mais nous augmenterons si vous voulez.

— A vous parler franchement, j'en serais fort aise.

— Alors, mettons quatre cents francs de plus.

— Soit.

— Très-bien. Je n'ai pas besoin de vous dire que nous traitons au comptant.

— C'est entendu.

— Quand désirez-vous que je mette sous presse?

— Mais... le plus tôt possible.

— Demain, si vous voulez.

— Va pour demain...

— Je vais préparer le petit reçu.

— A votre aise, quoique cela ne presse nullement.

— Je vous demande pardon, les affaires sont les affaires, on ne sait ni qui vit ni qui meurt!

— C'est très-juste!

L'éditeur s'assit à son bureau, et, tandis qu'il écrivait, Arsène tira son portefeuille et l'ouvrit pour y serrer les billets de banque.

— Voilà, fit le libraire, en présentant un papier au jeune homme, qui le parcourut et se mit à rire.

— Qu'y a-t-il? demanda l'industriel, me serais-je trompé?

— Mais oui.

— Où donc?

— Ici. C'est fort comique, vous avez mis un nom pour un autre.

— Comment cela?

— Voyez! Je lis : *Reçu de M. Arsène Bâchu la somme de deux mille quatre cents francs...*

— Eh bien?

— Eh bien! j'ai à vous signer un reçu de cent louis, et vous écrivez que c'est moi qui vous les donne...

L'éditeur barbu se laissa tomber dans un fauteuil en riant à son tour à gorge déployée.

Arsène, la bouche béante, le regardait et ne comprenait point.

— Ainsi, demanda le libraire, quand son accès d'hilarité se fut un peu calmé, ainsi vous avez cru que j'achetais votre roman?

— Ne me l'avez-vous pas dit? demanda le jeune homme complétement déconcerté :

— Je vous ai dit que je publierais moyennant *deux mille francs,* mais c'est moi qui dois les toucher, mon cher monsieur.

— Indignité! s'écria Arsène, où en sommes-nous donc, grand Dieu?

— Et encore, ajouta l'éditeur, avec une *indemnité* aussi minime, je risque fort de ne pas faire mes frais. Un livre d'un inconnu, qui est-ce qui en veut?

Ce fut le dernier coup. Arsène s'enfuit exaspéré.

Mais il revint au bout de vingt-quatre heures ayant réfléchi qu'il allait établir un compte courant avec la renommée, et que les deux mille francs en question n'étaient, après tout, qu'une avance, dans laquelle il rentrerait bientôt, et au centuple.

Il paya donc et on l'imprima.

Le jour de la mise en vente fut un grand jour pour lui.

— Dès le matin, il courut Paris afin de juger du bon effet produit par *son affiche* sur les vitraux des cabinets de lecture.

Hélas! l'affiche ne parut nulle part.

Arsène but le calice jusqu'à la lie, il fit acheter sous main *cent cinquante* exemplaires et les envoya, *franc de port,* aux cent cinquante principaux cabinets littéraires.

Puis il se lia avec plusieurs jeunes rédacteurs de journaux lettrés et galants tels que : *le Papillon bleu, le Miroir des jolies femmes, l'Adonis, le Gentleman,* etc... il en obtint des articles louangeurs qui le ravirent d'aise et qu'il courut montrer à son éditeur en lui demandant comment allait la vente.

— Pas trop mal, répondit le libraire, j'ai déjà vendu cent cinquante...

Arsène se mordit les lèvres. Le pauvre garçon connaissait l'acheteur.

A partir de cette époque néfaste, et pendant deux années environ, le jeune Bâchu sut mettre un frein, sinon à sa manie littéraire, du moins à sa fécondité.

Il n'écrivit guère, mais il discuta beaucoup.

Une grande partie de sa vie se passa au café Tabourey, au milieu d'un cénacle qu'il entretenait de chopes et de cigares, critiquant, controversant, analysant, etc. etc.

Le reste de son temps fut consacré aux hommes de lettres, plus ou moins inédits, de sa société intime; de plus, il donna des soirées auxquelles assistait une collection de faiseurs de sonnets, d'artistes fantaisistes, et d'étudiants en droit, dont il faisait la connaissance au café ou à l'Odéon.

Bref, Arsène devint une sorte de personnage que quelques-uns prônaient, dont beaucoup se moquaient, et que tout le monde connaissait au quartier latin.

Malgré ses déceptions nombreuses, il était fort heureux et menait une existence confortable, en n'écornant que le moins possible sa petite fortune.

XIX

UNE TRANSACTION LITTÉRAIRE.

Un soir qu'Arsène dégustait au café Procope une limonade et quelques journaux, un jeune homme qui venait d'entrer s'assit à côté de lui, et se fit servir une demitasse de café sans crème. La mise de ce jeune homme était mesquine, presque misérable.

Sa redingote montrait la corde, son pantalon s'effrangeait par en bas, ses bottes s'éculaient d'une façon lamentable, et son chapeau *rougissait* de sa trop grande vétusté.

L'exécrable jeu de mots que nous venons de nous permettre trouve son excuse dans ces deux vers d'un grand tragique :

>Voyez-vous ce poignard qui, du sang de son maître,
>S'est souillé lâchement ! Il en rougit le traître ! ! !

Le nouveau venu portait sous son bras gauche un petit rouleau de papier, revêtu d'une couverture bleue.

Il posa ce rouleau sur la table, sucra son café et se pencha vers Arsène à qui il dit :

— Après vous *le Corsaire* et le *Charivari*, je vous prie.

Arsène tressaillit au son de cette voix, il leva les yeux, et regarda son voisin en s'écriant :

— Ah bah !

— Qu'y a-t-il ? demanda le jeune homme, est-ce que vous me connaissez ?

— Parbleu !

— Ne vous trompez-vous point ?

— Non, fichtre ! Tu es Gilbert, n'est-ce pas ?

— Oui, et vous ?

— Mais, je suis Bâchu... Arsène Bâchu... ton camarade de classe au collége de Rouen...

— Tiens ! tiens ! tiens ! comme on se retrouve !

Les deux anciens condisciples échangèrent une fraternelle accolade, puis Arsène entama la conversation en disant :

— Eh bien, mon pauvre garçon, que fais-tu à Paris ?

— Ma foi, mon cher, pas grand'chose de bon.

— Mais encore ?

— Je m'occupe de littérature.

— Ah ! tu t'occupes de littérature, dit Arsène à qui ce mot faisait dresser l'oreille comme le clairon à un cheval de bataille, et quel est ton genre ?

— Le théâtre.

— Tu exécutes des vaudevilles ?

— Oui.
— Et on te joue?
— Peu, et mal.
— Où cela?
— Aux Délassements-Comiques, à Beaumarchais et à Bobino.
— Mais pourquoi ne fais-tu pas recevoir tes pièces dans les grands théâtres, au Vaudeville par exemple, ou aux Variétés?
— Cette bêtise! que ne me demandes-tu de même pourquoi je n'ai pas vingt-cinq mille livres de rentes! Je les présente bien, mes pièces, mais on les refuse.

Arsène soupira.

Il se souvenait de ses tribulations passées, et il sentait renaître, tout d'un coup, ses ardentes aspirations vers la célébrité.

Gilbert lui semblait un grand homme. On jouait ses vaudevilles. à Bobino, c'est vrai, mais enfin on les jouait, et on le payait pour ça!...

L'auteur des *Trois Pendus* repoussa de tout son pouvoir les velléités jalouses qui venaient l'assaillir, et il reprit en désignant le rouleau couvert de papier bleu :

— Est-ce que c'est une pièce, ceci?
— Oui, un vaudeville en trois actes que je viens d'aller chercher chez le copiste.
— Me permets-tu de regarder?
— Certainement.

Arsène déroula le manuscrit et prononça tout haut ce titre :

— *Madelinette*...

— *Ou la Grisette du quartier Latin*, acheva Gilbert.

Arsène parcourut rapidement le premier acte et dit en tournant les pages :

— Mais sais-tu que ça me paraît très-gentil !

— Je le crois bien que c'est très-gentil ! Ah ! si c'était signé Dumanoir et Clairville, le Palais-Royal en ferait ses choux gras !

— Je demeure près d'ici, continua Arsène, veux-tu venir jusqu'à chez moi, nous causerons, j'ai quelque chose à te proposer.

— Je suis à ta disposition.

Et les anciens camarades quittèrent ensemble le café Procope.

Gilbert fut émerveillé du somptueux mobilier de son condisciple, et se dit, *in petto*, qu'il faudrait faire jouer bien des *actes* avant de pouvoir s'en donner un pareil.

— Voyons, dit le jeune Bâchu, en présentant à son hôte une pipe turque toute bourrée de *latakié*, voyons, causons un peu.

— Très-volontiers.

— Tu as là une pièce neuve ?

— Qui n'a jamais servi, ni à moi, ni à personne.

— Quand l'as-tu terminée ?

— Il y a huit jours.

— Et tu ne l'as par conséquent présentée à aucun directeur?

— Elle sort de chez le copiste, je te l'ai dit tout à l'heure.

— Fort bien.

— Mais pourquoi toutes ces questions?

— Tu vas voir. Combien supposes-tu que cette pièce doive te rapporter?

— Je serai content si cela va à deux cents francs.

— Si on t'en offrait cinq cents, la vendrais-tu?

— Avec bonheur.

— Ainsi tu consentirais à ce qu'elle fût jouée sous le nom d'un autre?

— Le mieux du monde.

— Et tu garderais le secret à l'acheteur?

— Religieusement.

— Alors tope là, c'est une affaire faite, voici un billet de banque, à moi *Madelinette!*

— Comment, ce n'est pas une plaisanterie?

— Du tout... à moins que tu ne te dédises.

— Dieu m'en préserve... j'accepte plus que jamais...

Et Gilbert stupéfait de la fortune inespérée qui lui tombait ainsi du ciel, regardait, ou plutôt dévorait du regard le soyeux chiffon signé *Garat*, que venait de lui remettre Arsène.

— Ainsi, reprit ce dernier, il est bien convenu que ton vaudeville m'appartient en toute propriété, et que tu ne parleras à qui que ce soit du marché conclu entre nous...

— Sois tranquille, et si plus tard il te fallait d'autres pièces, drame ou comédie, voire même tragédie en cinq actes et en vers, je suis ton homme, pense à moi.

— Nous verrons.

— Maintenant je te quitte, je vais acheter des bottes.

— Au revoir, mon bon. Je t'enverrai un billet pour la première représentation.

Arsène resté seul acheva la lecture de *son œuvre*, dont il fut enchanté.

Dès le lendemain, il se mettait en courses pour en opérer le placement.

Mais s'il est une carrière dont les abords soient hérissés de ronces et d'épines, sans contredit c'est celle du théâtre, et le jeune Bâchu s'en aperçut bien vite.

Il n'entre point dans le plan de ce livre de nous étendre sur les mésaventures du quasi-auteur dramatique (nous trouverons ailleurs l'occasion de raconter avec détail la curieuse histoire des *Caravanes d'un vaudeville*), pour aujourd'hui, qu'il nous suffise de dire qu'après trois mois d'allées, de venues, de corvées et de démarches incessantes, après avoir fait antichambre chez les portiers de tous les théâtres, et courtisé les secrétaires de toutes les administrations, Arsène se trouva n'avoir plus pour suprême espoir et dernière ressource que le théâtre du Luxembourg (Bobino), le seul qui n'eût point encore refusé *Madelinette*.

10.

Rendu prudent par les déceptions, il voulut étayer solidement cette frêle planche de salut avant d'y poser le pied.

Pour cela faire, il déploya une diplomatie consommée et une rouerie transcendante.

D'abord, il enferma pour un temps son manuscrit sous les triples serrures de son secrétaire, façon Louis XV.

Ensuite, il trouva moyen de faire connaissance avec le directeur de Bobino, puis de s'introduire peu à peu dans son intimité.

Il l'invita souvent à déjeuner, il fit sa partie de piquet, il lui vanta ses acteurs, ses actrices, ses auteurs, ses talents administratifs, etc., etc... Il lui offrit un exemplaire des *Trois Pendus* superbement relié, et enfin, un beau jour, après un dîner fin, il lui avoua d'un air désintéressé et modeste qu'il avait commis un vaudeville, lequel était un petit chef-d'œuvre.

— Il faudra voir cela, lui fut-il répondu.

Arsène saisit la balle au bond ; prévoyant le cas, il avait *Madelinette* dans sa poche et la lut séance tenante.

La pièce, écoutée avec bienveillance, fut reçue sans conteste, et le directeur promit de la mettre à l'étude très-prochainement.

Ce même soir, Arsène promenait sa joie exubérante sous les grands arbres du Luxembourg, quand il vit passer une jeune femme, si jolie et si gracieuse, qu'il s'interrompit au milieu de ses rêves de gloire et de bravos pour la regarder, l'admirer et la suivre.

Cette jeune femme n'était pas seule, elle donnait le bras à un grand garçon fort élégant et qu'Arsène connaissait de vue.

La jolie fille et son cavalier s'engageaient dans l'avenue de l'Observatoire, sans doute pour gagner le boulevard Montparnasse et le bal de la Chaumière.

Ils allaient atteindre la grille du jardin, lorsqu'ils furent croisés par un étudiant qui leur fit de la tête un petit signe amical et continua d'avancer dans la direction d'Arsène.

Ce dernier l'arrêta et lui tendit la main en disant :

— Bonjour, Margueret.

— Bonjour, mon cher, comment ça va?

— Bien, merci... Qui donc venez-vous de saluer?

— Mon ami Virgile.

— Un étudiant?

— Oui.

— Avec qui était-il?

— Avec Pivoine.

— Sa maîtresse?

— Sans doute... Comment! ne connaissez-vous pas Pivoine, la plus belle fille des écoles? Vous qui écrivez, vous pourriez faire un roman avec son histoire.

— Vraiment?

— Oui, ma foi... Voulez-vous que je vous mène chez Virgile avec qui elle demeure?

— Très-volontiers.

— Eh bien, demain, vendredi, je vous prendrai chez vous à huit heures, tous les vendredis on fait un punch monstre chez Virgile, vous voyez que ça se trouve à merveille.

— A demain, donc.

— C'est convenu.

XX

UNE DÉBACLE.

Virgile, pour se mettre *en ménage* avec Pivoine, avait quitté la chambre qu'il occupait précédemment, et pris, au premier étage du même hôtel, deux pièces assez vastes, dont, au moyen d'une porte de communication, on avait fait une espèce d'appartement.

Ceci avait doublé son loyer, mais cette légère augmentation de dépense n'était qu'une goutte d'eau dans la mer.

Il semblait, en effet, que sa liaison nouvelle lui eût attaché un bandeau sur les yeux, tant il se plaisait à accumuler folies sur folies, extravagances sur extravagances.

Ses deux cents francs de pension mensuelle disparaissaient en trois ou quatre jours, et, pour subvenir à tous les autres frais d'une existence dispendieuse, il se jetait tête baissée dans le gouffre de la dette.

Ses matinées entières étaient employées à chercher de l'argent. D'officieux et dangereux camarades l'avaient mis en rapport avec quelques-uns de ces courtiers d'usure, abominable engeance que la loi devrait atteindre autant et plus sévèrement, selon nous, que les voleurs de profession, car les uns ne prennent que la bourse, et les autres ruinent l'avenir.

Il acceptait de toutes mains. Il avait sans cesse du papier timbré dans ses poches, et il signait des lettres de change partout où s'en présentait l'occasion, sans même songer que l'échéance arriverait, rapide et menaçante.

La beauté merveilleuse de Pivoine flattait sa vanité au moins autant que son amour, et la jeune fille était pour lui comme une pierre précieuse qu'il voulait monter avec luxe afin d'en mieux faire admirer et envier l'éclat.

Aussi, c'étaient chaque jour des toilettes nouvelles, des robes, des chapeaux, des écharpes, et tous les accessoires si ruineux de l'équipement d'une jolie femme.

Quelques fournisseurs, sachant que Virgile appartenait à une famille aisée, livraient volontiers leurs marchandises sans demander d'argent, se promettant bien de faire payer les intérêts de leur obligeance, en gonflant les mémoires outre mesure quand viendrait le quart d'heure de Rabelais.

Avons-nous besoin d'ajouter que l'étudiant ne mettait plus les pieds ni à l'École de droit, ni chez les amis de son père. Il était tout entier à son amour, et surtout à cette vie dissipée qui l'emprisonnait dans un tourbillon enivrant.

Pivoine, devenue bien vite *femme galante*, sinon par la conduite, au moins par les sentiments et par la façon d'envisager la vie, applaudissait à ces profusions insensées et ne faisait rien pour arrêter son amant sur le bord de l'abîme.

Cela dura trois mois environ.

Puis, peu à peu, les créanciers se lassèrent d'attendre et devinrent impérieux. Les lettres de change se présentèrent et ne furent point payées, les huissiers prirent le chemin du logis de Virgile, escortés de *protêts, d'assignations, de jugements,* enfin de tout le grimoire d'usage en pareil cas.

L'argent devint de plus en plus rare, et l'étudiant, malgré ses efforts pour s'étourdir, se vit en proie par moments à des préoccupations peu réjouissantes.

Pivoine s'aperçut de ces inquiétudes et de ces soucis, et au lieu de plaindre Virgile elle le trouva maussade.

Il essaya de lui parler raison, elle l'interrompit en chantant.

Il voulut se fâcher, elle lui rit au nez.

Le pauvre garçon sentit alors combien était lourde la chaîne qu'il s'était donnée, mais il manquait de courage pour une rupture, et d'ailleurs, de même que pendant longtemps il avait aimé sa maîtresse par orgueil, de même il était, par amour-propre, jaloux de l'avenir et s'indignait de la pensée que quelqu'un lui succéderait dans les bonnes grâces de la plus belle créature du quartier latin.

Aussi, cachait-il soigneusement à tous les yeux les germes de discorde qui croissaient sourdement dans son *ménage*. Jamais, vis-à-vis des étrangers et des camarades, il n'avait semblé plus joyeux ni plus insouciant, et il continuait à dissiper ses derniers napoléons en de gais soupers et en de folles parties de plaisir.

Voilà où en étaient les choses au moment où Margueret se fit l'introducteur d'Arsène Bâchu chez Virgile.

Ce soir-là, Pivoine était ravissante.

Dans la brillante couronne de ses beaux cheveux noirs, elle avait piqué une rose épanouie qui, se penchant coquettement vers l'oreille droite, donnait à la jeune fille quelque chose du gracieux aspect des *Manolas* de Séville ou de Grenade.

Une robe de soie, à larges raies roses et blanches, dessinait sa taille souple et voluptueuse, et son pied mignon se cambrait dans des bottines de satin.

Debout, au milieu d'un entourage de jeunes gens, elle riait aux éclats, aspirait de temps à autre la vapeur embaumée d'un cigare de la Havane, tout en avivant avec une longue cuillère d'argent les flammes bleuâtres d'un immense bol de punch.

Plus encore que la veille, dans le jardin du Luxembourg, Arsène fut ébloui de la beauté de la jeune femme, et comme il n'était point timide, comme il se croyait beaucoup d'esprit, et comme la haute opinion qu'il avait de lui-même augmentait encore son aplomb, il lui fit part, en des termes fort vifs, de l'admiration qu'elle lui inspirait.

Pivoine le regarda d'un petit air railleur, il lui déplut, elle le trouva impertinent et ridicule, et lui tourna le dos.

Arsène ne se tint point pour battu et se promit de faire à la belle dédaigneuse une cour assidue.

Il revint, en effet, le lendemain, puis tous les jours, et jugeant que pour arriver à la maîtresse, le meilleur moyen à employer était de s'emparer d'abord de l'amant, il se fit le compagnon inséparable de Virgile.

Avant d'avoir vécu pendant une semaine dans l'intimité de ce dernier, il s'était aperçu des embarras d'argent à chaque instant plus fréquents et plus insurmontables.

Il ouvrit, ou plutôt il *entr'ouvrit* sa bourse, et quelques centaines de francs assez adroitement offerts lui valurent le dévouement complet de l'étudiant, qui ne cessa de le prôner comme le modèle des amis passés, présents et à venir.

Pivoine elle-même le vit de moins mauvais œil, et il ne lui sembla plus ni aussi sot ni aussi laid.

Arsène profita de ce commencement de bienveillance pour gagner peu à peu la confiance de la jeune fille, en évitant de parler de ses sentiments tendres autrement que par de brûlantes œillades et des soupirs contenus.

Pivoine qui s'apercevait à merveille de ce manége, le trouvait comique et ne s'en fâchait point.

———

Cependant une catastrophe était imminente.

Le tonnerre qui depuis quelque temps grondait à l'horizon, éclata tout à coup.

Un matin, Virgile et Pivoine, rentrés à une heure fort avancée de la nuit, dormaient tous deux profondément.

Antoine, le domestique que nous connaissons, entr'ouvrit brusquement la porte de la chambre à coucher en disant :

— Eh ! m'sieu...

— Quoi ? Qu'y a-t-il ? demanda Virgile éveillé en sursaut.

— Il y a qu'on vous demande.

— Qui donc ?

— Des hommes très-vilains, ils sont cinq en bas, ils veulent vous parler à toute force, et ils se disputent avec madame qui soutient que vous êtes sorti.

— Ont-ils un fiacre avec eux ?

— Oui, m'sieu, devant la porte, avec un sixième homme dedans.

— Diable ! fit l'étudiant, je crois que je suis pincé ; écoute, Antoine...

— J'écoute, m'sieu.

— Descends vite, tâche de retenir ces individus en les

empêchant de monter, et en les conduisant à une autre chambre, moi, je vais m'habiller et filer si je puis.

— Oui, m'sieu, je vas essayer.

Antoine fit deux pas pour sortir et Virgile s'élança hors de son lit, mais il n'avait pas eu le temps de mettre la main sur un pantalon que déjà une tête ignoble apparaissait dans l'entrebâillement de la porte laissée ouverte par le domestique, et qu'une voix avinée et narquoise demandait :

— Môsieur Virgile, s'il vous plaît ?

— Connais pas, répondit ce dernier, voyez plus haut.

Tandis qu'il parlait ainsi, tout en commençant à se vêtir, le visiteur intempestif était entré dans l'appartement, le chapeau sur la tête, et l'on entendait derrière lui les chuchotements de plusieurs personnes.

— Ah çà ! monsieur, s'écria l'étudiant qui tira rapidement les rideaux, afin de cacher Pivoine demi-nue que commençait à épouvanter l'aspect sinistre de cet homme, ah çà ! monsieur, me direz-vous de quel droit vous vous introduisez ainsi dans mon domicile, à cette heure et sans ma permission ?

— Môsieu Virgile, s'il vous plaît ? répéta le nouveau venu, au lieu de répondre à la question qui lui était adressée.

— Je vous ai déjà dit que je ne le connaissais pas.

— En êtes-vous bien sûr ? riposta l'intrus d'un ton goguenard.

Puis il se tourna vers la porte en ajoutant :

— Ici, Maluchard, ici !

A peine cet ordre était-il donné qu'un second personnage envahit l'appartement.

C'était un affreux petit bossu à figure de boule-dogue et à jambes cagneuses.

— Qu'est-ce que vous voulez, monsieur Lagriffe ? demanda-t-il respectueusement.

Celui qu'on venait de nommer Lagriffe désigna du doigt l'étudiant et ne prononça que ces trois mots interrogateurs :

— Ça l'est-il ?

— Ça l'est, répondit Maluchard.

— Suffit, va-t'en attendre dehors avec les autres.

Le petit bossu sortit, et M. Lagriffe, reprit, en s'adressant à Virgile dont la toilette était presque terminée :

— Vous êtes reconnu, mon maître, on ne me *monte pas le coup*, à moi, voyez-vous ! ainsi, finissons-en...

— Enfin, demanda l'étudiant, en supposant même que je sois celui que vous croyez, qui êtes-vous, vous, et que voulez-vous ?

— C'est juste, procédons régulièrement : moi, Macaire Lagriffe, officier garde du commerce, je viens, comme porteur de pièces, vous réclamer *deux mille trois cent quarante-deux francs soixante et quinze centimes,* en vertu d'un jugement définitif obtenu au nom de mon client, le sieur Moïse Kirsh, négociant patenté de première classe sous le n° 3,224, demeurant à Paris, rue du Petit-Lion-Saint-Sauveur, n° 17 ; de plus...

— Ça suffit, interrompit Virgile.
— Vous avouez votre identité ?
— Oui.
— Pouvez-vous payer ?
— Non.
— Alors en route, le juge de paix attend dans le fiacre.

— Je vais vous suivre, seulement laissez-moi seul pendant cinq minutes, avec *ma femme,* je vous prie.

Lagriffe jeta tout autour de la chambre un coup d'œil défiant, puis, après s'être assuré qu'il n'y avait que deux issues, et qu'elles étaient surabondamment gardées par ses hommes, il sortit à reculons en disant :

— J'obtempère... mais ne me faites pas *poser*, au bout des cinq minutes je rentre.

Pivoine, jusqu'à ce moment, n'avait point parfaitement compris; Virgile lui donna l'explication des faits dont elle venait d'être témoin, et, disons-le à sa louange, la jeune fille ressentit une vive et sincère douleur en apprenant qu'on arrêtait son amant et qu'on allait le conduire en prison.

Elle fondit en larmes amères, elle éclata en sanglots immodérés, et se trouva presque mal au moment où Virgile fut contraint de suivre les alguazils, qui brûlaient d'en finir avec lui pour voler à d'autres captures.

Trois quarts d'heure après, l'étudiant était à Clichy.

Pivoine se conduisit à merveille; pour la première fois elle se sentit reconnaissante de toutes les folies que Virgile avait faites pour elle, folies que payait chèrement la perte de sa liberté.

Ce jour même, elle obtint à la Préfecture de police son *permis de visite* et courut consoler le prisonnier, lequel prenait d'ailleurs très-philosophiquement son parti.

Arsène Bâchu frémit d'aise en apprenant les événements de cette matinée.

Pivoine, quand elle revint de *la Dette*, le trouva chez elle. Il la plaignit affectueusement et il lui offrit ses services, services d'*ami* dévoués et *désintéressés*.

La jeune fille accepta.

A partir de ce moment, Bâchu fut le cavalier servant de Pivoine, il ne la quitta guère plus que son ombre, et sut tenir à distance l'escouade des galants qui voulaient papillonner autour d'elle, afin de profiter de son quasi *veuvage*.

Presque chaque jour il la conduisait à Clichy, entrait avec elle afin de faire à Virgile une courte visite, et venait attendre la jeune fille à la sortie pour la ramener à l'hôtel.

Fidèle d'ailleurs à sa tactique, il évitait de parler d'amour, ce dont Pivoine lui savait un gré infini, car elle voulait bien de lui comme ami, mais elle ne pouvait songer sans rire à l'accepter pour amant ; et puis, l'idée de tromper Virgile, malheureux et prisonnier, révoltait ce qu'il y avait encore dans son cœur de sentiments délicats et généreux.

L'heure du berger approchait cependant pour Arsène.

XXI

STRATÉGIE AMOUREUSE.

Virgile était à Clichy depuis trois semaines.

Un jour, Pivoine, ayant quelques courses à faire de l'autre côté de l'eau, quitta de fort bonne heure la rue de la Harpe, et sortit sans attendre Arsène qui l'accompagnait habituellement.

Il était midi quand elle arriva à la porte de la prison pour dettes.

Le gardien, préposé au second guichet et chargé de remettre aux visiteurs les *permis* de la Préfecture de police, l'arrêta en lui disant :

— Il n'y est plus.
— Qui ? demanda-t-elle, croyant à quelque erreur.
— Celui que vous venez voir.
— Monsieur Virgile ?
— Juste.

— C'est impossible !

— Je ne sais pas si c'est impossible, mais je sais que cela est. Du reste, passez au greffe.

Pivoine se hâta de suivre ce conseil, et la nouvelle qu'elle venait d'apprendre lui fut confirmée, l'instant d'après, par le greffier lui-même.

A neuf heures du matin, quelqu'un s'était présenté pour payer les sommes dues par l'étudiant ; la levée d'écrou et la mise en liberté avaient naturellement été immédiates.

La jeune fille demanda quelques explications, mais le greffier n'en savait pas plus long, ou, ce qui revenait au même, ne voulait pas en dire davantage.

Force fut donc à Pivoine, que ce mystère intriguait au delà de toute expression, de quitter la prison pour dettes et de reprendre le chemin de la rue de la Harpe, où sans doute le mot de l'énigme lui serait révélé.

Antoine se dandinait lourdement devant la porte de l'hôtel. A l'aspect de Pivoine, il porta la main à sa casquette d'un air embarrassé.

— Ma clef ? lui demanda la jeune fille.

Antoine ne répondit point et se dandina plus que jamais.

— Est-ce que vous ne m'avez pas entendu ?

— *Si fait*, mam'zelle.

— Eh bien ?

— Je vas vous dire, c'est que votre clef...

— Après ?

— Elle n'est plus là.

— Virgile est-il donc en haut? s'écria la jeune fille.

— M'sieu Virgile! répéta le domestique d'un air si stupéfait, que Pivoine comprit que son amant n'avait point paru à l'hôtel, et qu'Antoine ignorait complétement sa sortie de Clichy.

— Enfin, reprit-elle avec impatience, donnez-moi ma clef que je vous demande depuis cinq minutes.

— Je ne l'ai point, mam'zelle.

— Où est-elle?

— Chez madame, qui l'a prise, et qui a dit comme ça que quand vous rentreriez on vous y fasse parler.

— C'est bien, j'y vais.

Et Pivoine, instinctivement émue, monta chez la maîtresse de l'hôtel.

Cette dernière, grande femme, sèche, revêche et minaudière, accueillit la jeune fille avec une inclination de tête à peine polie.

Mais Pivoine n'était plus la timide enfant que nous avons connue ; aussi, voyant que son hôtesse ne l'engageait pas à s'asseoir, elle prit un fauteuil, s'y établit et entama la conversation en disant :

— Vous avez désiré me parler, madame?

— Oui, mademoiselle.

— Que puis-je faire pour votre service ?

— Rien, mademoiselle, si ce n'est de vouloir bien me payer, et cela tout de suite, une somme de quatre cent trente francs qui m'est due...

— Qu'est-ce que vous dites? s'écria Pivoine en faisant un bond dans son fauteuil.

— Voici la note, répondit la maîtresse de l'hôtel, qui présenta une immense feuille de papier couverte d'écriture et de chiffres. Mademoiselle peut vérifier.

— Mais c'est le compte de Virgile...

— Précisément.

— Et cela, par conséquent, ne me regarde en rien.

— Mille pardons, mademoiselle.

— Comment l'entendez-vous, madame?

— Je vais vous l'expliquer. Ce matin, j'ai reçu la visite du père de M. Virgile; il était instruit de la jolie conduite de son fils, il le savait à Clichy, et il m'a demandé le chiffre de ce qui m'était dû, chiffre qu'il a trouvé exorbitant, je dois le dire. Je lui ai répondu en lui montrant mes livres, et en lui prouvant que depuis trois mois je n'avais pas reçu un sou...

— Tant pis pour vous, m'a-t-il répliqué, il ne fallait pas faire crédit à ce mauvais sujet que je vais tirer de prison et qui quittera Paris dans deux heures avec moi. Quant à vous, madame, puisque vous avez fait la folie de laisser mon fils vivre chez vous avec une *fille*...

— Une *fille!* interrompit vivement Pivoine, pourpre de honte et de colère, je vous engage à mieux choisir vos termes, madame!...

— Je ne fais que répéter les propres expressions du père de votre amant, mademoiselle, je ne les choisis pas. Il a terminé en me donnant sa parole d'honneur qu'il ne me paierait ni maintenant ni jamais, et en me disant de m'arranger avec vous ainsi que je l'entendrais. Or, vous êtes portée sur mes registres comme habitant avec M. Virgile, vos effets me répondent de mon loyer et de mes avances, payez-moi, ou je vous renvoie.

— Mon Dieu! madame, s'écria la jeune fille, est-ce possible, et comptez-vous réellement faire ce que vous dites?...

— Oui, mademoiselle, j'ai besoin de mon argent, et d'ailleurs, je n'aime pas les femmes qui *détournent* comme ça les jeunes gens de famille!

La digne hôtesse n'avait pas toujours été aussi sévère, mais on connaît l'adage : *autres temps, autres mœurs.*

— Voyons, reprit-elle, pouvez-vous me payer?

— Je n'ai pas d'argent, répondit Pivoine en balbutiant.

— J'en suis fâchée, mais je garde votre clef et tout ce qui est dans la chambre, je ferai estimer et vendre vos robes par un commissaire-priseur, et le *boni*, s'il y en a, vous sera remis fidèlement... Bonjour, mademoiselle, vous pouvez chercher un logement ailleurs.

— C'est une infamie! murmura la jeune fille.

— Si vous voulez plaider, fit l'hôtesse d'un ton railleur, à votre aise, nous plaiderons!

Pivoine était trop fière pour implorer une pareille femme, elle se leva et sortit, le front haut, mais le cœur gonflé et la tête perdue.

A peine avait-elle refermé derrière elle la porte de la

chambre, qu'elle éclata en sanglots muets et que deux ruisseaux de larmes coulèrent sur ses joues.

Elle se heurta, dès la première marche de l'escalier, contre un jeune homme qui montait.

— Mille pardons, madame, lui dit ce dernier.

Puis regardant mieux la jeune fille qui se cachait la figure avec un mouchoir, il s'écria :

— Quoi! c'est vous, mademoiselle Pivoine? Je vous cherche depuis ce matin.

Pivoine essuya rapidement ses yeux et répondit d'une voix qu'elle s'efforça de rendre calme :

— Vous... me... cherchiez... monsieur Arsène?

— Mais vous pleurez! continua Bàchu, car c'était lui-même, qu'avez-vous?... qu'avez-vous donc?

— Ah! je suis bien... bien malheureuse!

Arsène frémit de joie à la vue de cette douleur, dont la cause, quelle qu'elle fût, devait, d'après ses calculs, jeter Pivoine entre ses bras.

— Dites-moi vite ce qui se passe, reprit-il, vous savez que je suis votre ami... quand même.

La jeune fille, en peu de mots, le mit au courant.

— Quoi, ce n'est que cela? fit-il quand elle eut achevé, remontez avec moi, je vous prie. Tout va s'arranger.

Arsène fit appeler en effet la maîtresse de l'hôtel et lui dit :

— Veuillez, madame, remettre mademoiselle en possession immédiate de ce qui lui appartient ici; dans un quart d'heure je vous apporterai la somme qui vous est due par mon ami Virgile.

— Voici la clef, répondit l'hôtesse, qui rappela sur ses lèvres son plus gracieux sourire, et je supplie mademoiselle de ne pas croire...

— Mademoiselle vous dispense de toute excuse ! dit le jeune homme d'un ton sec.

Et il entra avec Pivoine dans l'appartement qu'elle occupait.

— Oh ! mon ami, s'écria la jeune fille dès qu'ils furent seuls, en lui serrant la main avec effusion, que vous êtes bon et généreux, et que ne vous dois-je pas !

— Vous ne me devez rien, chère enfant, je puis vous obliger et je le fais, tout le plaisir n'est-il pas pour moi ? Mais, voyons, pensons un peu à l'avenir : vous ne pouvez habiter plus longtemps cette maison où vous avez été presque insultée. Je vais, dès aujourd'hui, m'occuper de vous chercher un logement, qu'en dites-vous ?

— Faites, mon ami.

— Très-bien. Ce soir, je viendrai vous prendre, nous irons dîner ensemble, et si vous voulez bien le permettre, je vous mènerai à l'Opéra, cela vous distraira un peu. Et d'ailleurs, ajouta-t-il avec un sourire, vous savez que je ne suis pas dangereux !

— Soit, répondit Pivoine. Nous ferons ce que vous voudrez.

Arsène s'en alla triomphant. Désormais il était sûr de posséder la jeune fille, et il ne lui fallait plus, pour obtenir ce résultat, qu'un peu de temps et un peu d'adresse.

Arsène était fort épris, sans contredit, et surtout fort désireux d'arriver à un dénouement, mais au fond de son amour, comme au fond de celui de Virgile, il y avait plus de vanité que de véritable tendresse.

Ceci, par parenthèse, est moins rare qu'on ne le pense, à l'endroit des femmes d'une trop remarquable beauté. L'orgueil de la possession en fait souvent oublier le bonheur.

Le jeune Bâchu, dans la journée, loua, rue Madame, à l'angle de la rue Fleurus, un petit logement au cinquième, et se promit d'y faire apporter, dès le lendemain, quelques meubles simples mais coquets, et d'y installer Pivoine, se réservant de lui causer un peu plus tard une fort agréable surprise, quand il lui apprendrait qu'elle était tout à fait *chez elle*.

Ceci fait, Bâchu vint chercher sa maîtresse future, il la mena dîner comme il le lui avait promis, puis il la conduisit à l'Opéra et la soirée se passa presque gaiement.

Pivoine, nous le savons, n'était point et n'avait jamais été fort amoureuse de Virgile, elle se trouva cependant profondément blessée de la conduite de son amant, lequel obéissant sans résistance aux ordres paternels, était parti brusquement, à son insu, la laissant dans une position horriblement fausse, dont elle n'était sortie que par hasard et grâce à l'obligeance inattendue d'un étranger.

Arsène, voulant se donner à peu de frais un vernis de

générosité chevaleresque, prit chaudement la défense de son rival.

— Il a été surpris, entraîné, dit-il; il a dû partir sans avoir le temps de se reconnaître, mais soyez sûre que toutes ses pensées sont à vous; il vous fera donner de ses nouvelles, il vous écrira. Quand on a aimé une femme qui vous ressemble, Pivoine, je sens bien qu'on ne peut jamais l'oublier !

Vers minuit, Bâchu ramena la jeune fille à l'hôtel de Germanie et la quitta sur le seuil, sans même lui demander la permission de déposer sur sa jolie main si bien gantée, un baiser respectueux.

La journée du lendemain se passa sans amener de nouveaux incidents.

Le surlendemain, Arsène installa Pivoine dans son logement de la rue Madame, mais avant de quitter l'hôtel, il eut soin de recommander à Antoine, en présence de la jeune fille, de recevoir les lettres qui pourraient arriver de *Bar-sur-Aube*, et de les garder pour les lui remettre *à lui-même*, quand il les viendrait chercher.

On se souvient que c'est à Bar-sur-Aube que demeurait le père de Virgile.

Avons-nous besoin de dire que Pivoine trouva charmants le logis et les meubles; elle se croyait cependant toujours dans un appartement *garni*, et son adorateur ne voulait point lui dire encore la vérité tout entière.

Pendant les premiers jours, Pivoine parla souvent de Virgile.

— Avez-vous passé rue de la Harpe, mon ami? demandait-elle à Bâchu, dès qu'il arrivait chez elle.

— Oui, sans doute... répondit le jeune homme.

— Et il n'y avait rien?

— Rien.

Pivoine baissait la tête et s'indignait sourdement de la complète et rapide indifférence de l'étudiant.

Or, Arsène mentait.

Deux lettres à l'adresse de Pivoine étaient arrivées déjà, et il avait jugé convenable de les jeter au feu au lieu de les remettre.

Virgile se crut oublié et n'écrivit plus.

C'est là ce que voulait Arsène.

De son côté, Pivoine cessa peu à peu de parler du *perfide*, et bientôt, avouons-le, elle cessa complètement d'y penser.

Elle jouissait d'un bonheur matériel fort complet.

Arsène l'avait pourvue d'une femme de chambre, et subvenait, par l'entremise de cette dernière, à toutes les exigences du ménage.

Pivoine, de temps à autre, envoyait au mont-de-piété un châle ou un bijou, employait l'argent qu'elle en retirait à ces dépenses futiles dont elle avait contracté l'habitude et le besoin.

Un jour, cependant, elle se prit à réfléchir sur ce que sa position avait de précaire, et résolut de s'en expliquer avec Arsène.

C'était là que le jeune homme l'attendait.

XXII

UN CONSEIL... D'AMANT.

Ce jour-là, Arsène ne vint chez la jeune fille que vers les huit heures.

On était au mois de juin et les ombres crépusculaires descendaient lentement du ciel après une journée brûlante.

Pivoine, assise sur le balcon de son appartement, sentait avec délices une brise tiède et molle lui caresser le visage et apporter jusqu'à elle les senteurs parfumées des grands arbres du Luxembourg, mêlées au concert des oiseaux qui se couchaient sous le feuillage.

Elle fermait à demi les yeux, elle écoutait les bruits, elle aspirait la brise, et le murmure des chants d'oiseaux, l'odeur pénétrante des fleurs et des arbustes, la reportaient par le souvenir au milieu des bois de Normandie.

Le froissement des pas d'Arsène qui traversait le petit salon, la tira de cette douce rêverie.

Le jeune homme prit une chaise et vint s'asseoir à côté d'elle.

— A quoi pensiez-vous ? lui demanda-t-il.

— A quoi, mon ami ?

— Oui.

— Au passé et à l'avenir.

— Et sans doute, dit Arsène en riant, tous deux vous apparaissaient revêtus de bien sombres corleurs ?

— Plus sombres que vous ne le croyez, répondit la jeune fille avec un sourire mélancolique.

— Sérieusement ?

— Très-sérieusement.

— C'est qu'alors il y a quelque chose qui vous attriste ou qui vous inquiète, et je suis trop sincèrement votre ami pour craindre d'être indiscret en vous pressant de me révéler les causes de ce chagrin ou de ce souci.

— Vous prévenez mes désirs, car moi-même j'allais vous en parler.

— Je vous remercie... j'écoute et j'attends.

— Ce que j'ai à vous dire est bien simple... promettez-moi donc de me répondre avec une complète franchise.

— Je vous le promets.

— Et j'y compte. Eh bien, mon ami, dites-moi, que pensez-vous de ma position ?

— Mais, répondit Arsène, votre position est celle d'une

femme, très-jeune, très-belle, admirée de tous ceux qui l'approchent, adorée de tous ceux qui l'entourent... je n'en vois pas de plus enviable.

— Vous ne jouez pas franc jeu! s'écria la jeune fille. Je vous demande une vérité, et vous me servez une flatterie, nous ne pourrons pas nous entendre.

— J'espère que si.

— Voyons, écoutez-moi bien. Vous prétendez que ma position est heureuse, et je la trouve, moi, plus triste que je ne saurais le dire.

— Pourquoi?

— Je ne suis rien, je ne possède rien, je dépends du hasard, je vis au jour le jour, et quand mes frêles ressources seront tout à fait épuisées, il me faudra quitter même ce logis où rien n'est à moi, et m'en aller je ne sais où!...

— Oh! quant à ceci, ne vous en inquiétez pas, mon amie, l'appartement que vous habitez est loué sous votre nom, et tout ici vous appartient.

— Non! Arsène, non... je refuse ce que vous m'offrez... On ne peut accepter cela que d'un amant, et vous n'êtes pas mon amant.

— Hélas! murmura le jeune homme avec une expression que n'eût point désavouée un comédien plus habile.

— Non, reprit Pivoine, plus vivement encore, je ne veux point être sans cesse, dans ma vie, une charge pour quelqu'un, je veux me suffire à moi-même, dussé-je recourir au travail de mes mains; je suis jeune et j'ai du courage, mais que puis-je faire, et dans ce grand Paris quelles ressources s'offrent à une femme qui, comme moi, réclame l'indépendance et qui veut la gagner? Voilà ce qu'il faut que je sache, voilà ce que vous allez me dire.

— Ainsi vous me demandez un conseil ?

— Un conseil d'ami.

— Ou... d'amant! se dit Arsène à lui-même.

Puis il reprit à haute voix :

— Il est une carrière qui semble faite exprès pour vous, une carrière glorieuse, enivrante, où votre beauté surhumaine et votre esprit charmant deviennent des gages assurés de succès, une carrière enviée de toutes les femmes, mais où toutes n'ont pas comme vous la certitude de réussir et de briller...

Arsène s'interrompit.

— Et c'est?... demanda curieusement la jeune fille.

— Le théâtre !

— Le théâtre ! répéta Pivoine à qui ces deux mots firent entrevoir comme par enchantement une magique perspective, vous croyez?...

— J'en suis sûr.

— Mais... oserai-je?

— Certes ! vous n'avez rien, mon amie, de ce qui peut autoriser la timidité ou la défiance de soi-même.

— Mais... reprit de nouveau Pivoine, comment arriver? comment débuter? est-ce facile, est-ce possible?

— Je m'en charge.

— Vous?

— Oui.

— Et par quels moyens?

— Tel que vous me voyez, fit Arsène en se rengorgeant, je suis auteur dramatique, j'ai une pièce en trois actes reçue à un théâtre, et le rôle principal, qui est délicieux, serait votre rôle de début.

— Vraiment!

— C'est comme j'ai l'honneur de vous le dire.

— Et à quel théâtre est-elle, votre pièce?

— Ici tout près, au Luxembourg.

La jeune fille fit une moue significative.

Monter sur les planches de BOBINO ne lui semblait point le comble de la gloire et de la félicité.

Arsène devina ce qui se passait dans l'esprit de Pivoine, et, se disant comme *Gringoire*, le quasi-époux de *la Esmeralda*, qu'il n'y avait de ressources que dans quelque chose de très-pathétique, il continua avec chaleur :

— Sans doute, et je le sais aussi bien que vous, ce n'est point un théâtre comme celui-là qu'il faut à votre beauté singulière et au talent que vous ne sauriez manquer d'avoir, mais songez-y, débuter au Luxembourg c'est mettre le pied à l'étrier, c'est faire le premier pas dans la carrière dramatique.

Partout ailleurs vous réussiriez, cela n'est pas douteux, mais des écueils inattendus surgiraient sous vos pas ; des rivales habituées avant vous aux faveurs du public et que vous éclipseriez en paraissant, ne vous pardonneraient point de les écraser ainsi, et, comme la couleuvre antique, elles ramperaient pour vous mordre au talon. Ces femmes ont des amis, des protecteurs, des amants, elles mettraient en œuvre tous les ressorts de leur esprit d'intrigue pour vous abreuver de dégoûts, et pour étouffer l'éclat de vos succès. Ce serait vainement, je ne l'ignore pas, mais enfin elles l'essaieraient, et vous y laisseriez des lambeaux de votre robe blanche aux ronces du chemin.

En débutant, au contraire, sur une scène modeste, rien de tout cela n'est à craindre. Vous paraissez, on s'étonne, on admire. La critique s'émeut. La presse retentit de votre nom. Tout Paris le répète et veut voir la merveille inconnue qui, par un caprice étrange, a choisi pour y briller d'abord le plus humble et le plus obscur de nos théâtres.

Les directeurs accourent. Alors du haut du piédestal que vous a construit l'enthousiasme, ce n'est plus à vous d'accepter des conditions, c'est à vous d'en imposer.

Vous êtes reine, vous dictez vos lois, et vous puisez à pleines mains dans le Pactole de quelque engagement fabuleux, glorieusement, mais facilement conquis.

Voilà l'avenir tel qu'il s'offre à vous, Pivoine. Je n'exagère rien, je vous dis ce qui est, ce qui sera, voulez-vous me croire et essayer ?

Arsène, ayant ainsi parlé, se tut et s'essuya le front. Ce chaleureux pathos l'avait mis tout en nage.

Pivoine, éblouie et rêveuse, laissa tomber ces mots :

— Vous avez peut-être raison...

La victoire était remportée, Arsène le comprit bien, et, pour porter le dernier coup aux irrésolutions de la jeune fille, il courut chez lui prendre le manuscrit de MADELINETTE, revint en toute hâte et le lut d'une façon chaleureuse en ayant soin de faire ressortir toutes les finesses et étinceler toutes les facettes du rôle que Pivoine serait appelée à remplir dans cette œuvre importante.

Elle en fut enchantée.

A son tour, elle prit la pièce et se mit à fredonner ceux des couplets dont elle connaissait les airs, puis, allumant toutes les bougies du salon, elle se posa devant la glace et mima, aux grands applaudissements d'Arsène, les scènes les plus à effet.

Elle se trouva charmante et son enthousiasme ne connut plus de bornes, quand le jeune littérateur lui eut pompeusement décrit la toilette qu'elle porterait à son entrée en scène.

— Mon Dieu? s'écria-t-elle, mon Dieu, que ce sera joli !!!

— Je le crois bien ! fit Arsène. Et l'acte du bal, qu'en dites-vous? et votre costume de débardeur !

En songeant à son costume de débardeur, Pivoine

bondit de joie, et, pour la première fois depuis qu'elle connaissait Arsène, elle se jeta à son cou.

L'auteur des *Trois-Pendus* comprit que l'heure du berger sonnait enfin, et que la jeune fille ne pouvait rien refuser à celui qui venait d'entr'ouvrir à ses regards charmés les perspectives de l'Eldorado.

Le théâtre fut oublié pour l'amour, et ce soir-là, Arsène ne quitta point le logis de la jeune fille.

XXIII

UN FRAGMENT DE PHYSIOLOGIE DE L'AMOUR, UNE DÉCLARATION EXCENTRIQUE.

C'était au premier abord, une destinée singulière que celle de Pivoine.

Elle avait seize ans à peine, et trois hommes l'avaient possédée, de ces trois hommes, un seul, le premier, Georges d'Entragues s'était *emparé* d'elle *violemment* et celui-là, elle l'avait aimé.

Aux deux autres, elle s'était *donnée*, et donnée sans amour.

De pareils faits, au reste, sont fréquents quoique invraisemblables, et nous pourrions prouver que les fautes des jeunes filles résultent presque toujours d'un moment d'imprudence ou d'un concours de circonstances fortuites et non d'une passion véritable.

Telle femme a longtemps résisté aux prières d'un amour

soumis et respectueux, qui se laisse prendre en cinq minutes par un indifférent hardi.

Aussi le principal aphorisme d'un *Code galant* à l'usage des don Juan novice, devrait-il être celui-ci :

« *Auprès des femmes la témérité est la première de*
« *toutes les vertus.* »

Cela est d'autant plus vrai que les trois quarts du temps, faute d'un peu d'audace, on laisse échapper une occasion qui ne se représente jamais.

Il y a dans les péripéties de toute poursuite amoureuse un moment où la vertu attaquée ne demande qu'à se rendre.

Ce moment dure parfois cinq minutes, parfois une seconde.

Il est le produit d'une passagère faiblesse du cœur, ou d'un rapide et court embrasement des sens.

Quand il est venu et qu'on ne l'a point saisi, tout est dit.

La vertu, mise en garde par l'expérience, connaît son côté faible, ne pardonne point une infructueuse erreur, et devient inexpugnable.

Les *roués* d'autrefois, ces gigantesques Adonis qui seront immortels par le souvenir de leurs heureuses amours, savaient profiter du *bon moment*, voilà tout.

Il y a des exceptions, mais elles confirment la règle.

Dans tous les cas, Pivoine ne faisait point partie de ces exceptions.

Les circonstances seules l'avaient livrée, presque

sans le concours de sa volonté, à Virgile d'abord, puis à Arsène, nos lecteurs le savent.

Donc, le lendemain de la conversation que nous avons rapportée dans le chapitre précédent, elle se réveilla, un peu plus bas que la veille sur les degrés de l'échelle sociale.

Maîtresse de l'étudiant, elle vivait avec lui; un mariage légitime, il est vrai, n'avait point cimenté leur union; mais enfin l'homme dont elle s'était faite la compagne, l'abritait et la protégeait de sa dignité et de son appui.

Maîtresse d'Arsène au contraire, isolée, et recevant de lui un argent qu'elle ne gagnait point, Pivoine allait devenir *femme entretenue*, c'est-à-dire une de ces sirènes qui de l'amour font une marchandise, marchandise qu'elles vendent plus ou moins cher, selon les charmes qu'elles possèdent, et surtout selon *l'occurrence*.

Voilà où Pivoine en arriverait bientôt si les mines d'or qu'Arsène avait fait briller à ses yeux et que le théâtre devait lui ouvrir, s'évanouissaient devant la réalité, avec ses illusions de talent et de gloire.

Nous saurons bientôt ce que lui gardait l'avenir.

Dès le lendemain, Arsène présenta Pivoine à son ami le directeur.

Ce dernier fut émerveillé de la beauté de la jeune fille et comprit qu'il avait tout intérêt à admettre au nombre de ses pensionnaires une aussi ravissante créature.

Il offrit donc à l'instant même un engagement d'un an, à des conditions réellement merveilleuses, vu les habitudes économiques du théâtre qu'il gouvernait.

Voici ces conditions :

Premièrement. — Le droit de tenir, en chef et sans partage, l'emploi des jeunes premières dans le vaudeville et dans le drame.

Deuxièmement. — Cent francs de *fixe* par mois.

Troisièmement. — Deux francs de *feux* par représentation.

Quatrièmement enfin. — Une dispense absolue de la *figuration*.

Pour l'intelligence de cette dernière clause, il est bon d'expliquer à nos lecteurs que l'administration de certains théâtres d'ordre modeste, exige, par raison d'économie, que tous ses artistes, quel que soient leur talent et leur position, *figurent* dans les pièces à spectacle où ils n'ont pas de rôles à jouer.

On devine combien certains amours-propres doivent souffrir de cette obligation.

Pivoine, conseillée par Arsène qui ne doutait point que des propositions brillantes n'arrivassent de toutes parts aussitôt après ses débuts, refusa de signer un traité d'un an et consentit seulement à s'engager pour toute la durée des représentations de *Madelinette*, à raison de six francs par soirée.

Il fut convenu que les répétitions commenceraient dans trois semaines.

La jeune fille se mit immédiatement à étudier son rôle.

et nous n'avons pas besoin de dire que le soi-disant auteur de la pièce fut son répétiteur assidu.

Durant les premiers jours, tout alla bien dans le nouveau ménage et l'entente la plus cordiale sembla régner entre Pivoine et Arsène.

Mais, hélas! ce dernier ne gagnait point à être trop intimement connu, et peu à peu la jeune fille, qui n'avait triomphé de ses préventions d'autrefois qu'en raison des services à elle rendus par Arsène, put se faire une juste idée du caractère véritable de son amant, et le vit tel qu'il était, c'est-à-dire sot, égoïste, infatué de lui-même et de son mérite, ridicule enfin au suprême degré, ce qu'une femme ne pardonne guère.

De cette parfaite connaissance de l'homme au dédain le plus complet, il n'y avait qu'un pas, ce pas fut bientôt franchi.

Du dédain à la pensée d'une infidélité, la distance était moindre encore, et Pivoine songea, non point à quitter son amant, elle avait besoin de lui, mais à se venger de la contrainte qu'il lui imposait, comme se vengent les femmes, c'est-à-dire en le trompant.

Ceci du reste n'était point aussi facile à faire qu'on le pourrait supposer, Arsène ne quittant guère le logis de la jeune fille et ne tolérant chez elle la présence d'aucun visiteur.

Une fois par semaine, il est vrai, Arsène recevait comme autrefois dans son appartement de la rue de Vaugirard la collection de littérateurs et d'artistes dont nous avons parlé précédemment, et Pivoine était appelée à faire des honneurs de ce conventicule; mais parmi ces jeunes gens, les uns étaient de leur côté en pouvoir de maîtresse, les autres jouissaient d'une fâcheuse renommée d'indiscrétion et de vantardise, et les derniers enfin déplaisaient à la jeune fille presqu'autant que son amant en titre. Un choix était donc impossible.

Cependant les obstacles irritaient ses désirs, de jour en jour Arsène l'obsédait davantage, et d'ailleurs elle éprouvait ce sentiment, bizarre mais inévitable, qui pousse une femme entretenue à duper celui qui la paie.

Ceci n'est point un paradoxe, c'est un fait, un fait démontré par l'expérience, un fait incontestable et sans exceptions.

Donc Pivoine cherchait, et jamais aphorisme ne fut plus vrai que celui-ci : « Cherchez et vous trouverez ! »

Dans la rue de Fleurus, à trois ou quatre cents pas de l'angle de la rue Madame, il y avait, et il y a encore aujourd'hui, une haute et vaste maison, ruche immense, pleine de locataires de tous les rangs et de tous les états.

Une sorte de petite coupole revêtue de vitraux se trouvait pratiquée dans le toit de cette maison, et souvent Pivoine s'était plu, depuis son balcon, à regarder les jeux de la lumière, qui, selon que le soleil était plus ou moins haut dans le ciel, faisait étinceler de mille feux ce vitrage, ou le teignait d'une pourpre sanglante.

Un châssis à tabatière percé dans la coupole, était souvent entre-bâillé, mais jamais la jeune fille n'avait aperçu la main qui le faisait mouvoir, et elle s'était prise, à l'endroit de l'habitant de cette mansarde, d'une curiosité vague et sans objet déterminé.

Cette curiosité fut bientôt satisfaite, car un soir, en jetant les yeux sur la coupole, Pivoine vit un homme dont le buste sortait du vasistas ouvert et qui, dominant les toits d'alentour, fumait tranquillement sa pipe.

La distance était trop grande pour que Pivoine pût distinguer les traits de cet inconnu.

Elle rentra dans son salon, prit une lorguette de spectacle et la braqua sur lui.

C'était un jeune homme de vingt-six ou vingt-sept ans, vêtu simplement d'une chemise et d'un pantalon.

Ses traits étaient beaux et réguliers, une forêt de cheveux noirs et brillants se bouclaient autour de son front et encadraient son visage dont ils faisaient ressortir la pâleur italienne, les pointes de sa moustache d'ébène se retroussaient d'une façon conquérante.

Pivoine ne connaissait ni l'Appollon du Belvéder, ni l'Antinoüs, ni le Bacchus indien, sans cela elle n'eût point manqué de s'avouer à elle-même que le fumeur de la rue de Fleurus surpassait de beaucoup ces trois types célèbres.

Or, ce fumeur n'était autre que Fra-Diavolo notre ancienne connaissance, tous nos lecteurs l'ont déjà deviné sans doute.

Jugeant convenable, se soir-là, de prendre le frais sans sortir de chez lui, il avait porté au milieu de l'atelier son buffet de sapin, sur le buffet il avait posé une chaise, et, du haut de cette chaise, il aspirait, en planant sur Paris, les nuages de vapeur odorante d'Abd-el-Kader, sa pipe algérienne.

Il ne nous semble guère possible de nier qu'il y ait dans le regard une véritable et puissante attraction magnétique, surtout quand ce regard est celui d'une femme et qu'il s'échappe de deux beaux yeux.

Notre ami Alexandre Dumas fils et son ami Henri Delaage, pourraient nous renseigner à ce sujet d'une façon très-complète, mais, comme il nous paraît médiocrement important d'éclaircir ici ce point controversé de la science mesmérienne, nous croyons devoir passer outre, en constatant toutefois que, soit attraction, soit hasard, dès que Fra-Diavolo fut visé par le double canon de la jumelle de Pivoine, ses yeux, qui jusque-là se dirigeaient vers les nuages, s'abaissèrent graduellement du côté de la terre et se fixèrent enfin sur le balcon de la jolie curieuse.

L'artiste, en s'apercevant de l'examen dont il était l'objet, fit un mouvement brusque et disparut dans les profondeurs de son atelier.

Il reparut bientôt flanqué de deux objets, une feuille de carton et un porte-voix.

Avec le carton, qu'il roula dans ses doigts en forme de tube, il fit une longue-vue et braqua soudain sur Pivoine ce télescope improvisé, lequel lui permit, malgré l'absence de tout verre, de se rendre compte, non point des traits de Pivoine, mais au moins des lignes gracieuses de sa taille, charmants contours qui dénotaient à coup sûr la jeunesse.

Ce rapide examen achevé, Fra-Diavolo déposa sa lunette, emboucha le porte-voix et jeta dans l'espace ces trois mots :

— Je vous adore !!

Le son, décuplé par les parois métalliques de l'instrument, roula comme une trombe, fit lever la tête aux rares passants de la rue de Fleurus, effraya dans leurs nids les oiseaux du jardin Royal, se heurta aux façades ciselées du Luxembourg, et s'en alla mourir sur les lambris de la chambre des pairs, peu accoutumés à répéter de tels accents.

Pivoine, confuse et presque effrayée de cette déclaration inattendue, rentra chez elle en toute hâte, ferma sa porte-fenêtre et ne reparut plus de la soirée.

Le lendemain matin, de fort bonne heure, elle entre-bâilla sa croisée et, à travers les lames disjointes de la jalousie, regarda curieusement dans la direction de la coupole.

Personne ne se montrait, mais le vasistas était ouvert et quelque chose d'assez semblable à un drapeau blanc se balançait à l'extrémité d'une baguette.

Pivoine s'aida de sa jumelle.

Le prétendu drapeau était une immense feuille de papier.

Au milieu se trouvait un *Cœur*, peint à l'huile, surmonté d'une flamme et percé d'une flèche.

En gros caractères et servant de légende, ces mots :

MON CŒUR VOUS APPARTIENT.

Et plus bas, dans l'ordre suivant :

Fra-Diavolo, artiste peintre,

rue de fleurus, n° ***.

RÉPONSE, S. V. P.

Pivoine, en lisant cette singulière affiche, eut envie tout à la fois de rire et de se fâcher.

L'idée lui paraissait plaisante, mais elle trouvait fort impertinent au peintre de donner ainsi son adresse et de nourrir la présomptueuse espérance d'obtenir une réponse.

Cependant, tout bien considéré, et réfléchissant que l'original de la rue de Fleurus ne la connaissait point et ne la connaîtrait jamais ; elle prit le parti d'envisager la chose uniquement sous le point de vue comique.

Elle en rit en elle-même pendant deux jours entiers, mais *Madelinette* étant en pleine répétition au théâtre voisin et la plus grande partie du temps de la future actrice se trouvant en outre consacrée à l'étude du rôle et à ses leçons de chant et de danse, elle oublia bientôt presque complétement son audacieux voisin.

Fra-Diavolo fut plus tenace.

Durant une semaine entière, il laissa en évidence son oriflamme *illustré*, puis comme Pivoine ne reparut point au balcon, et comme il lui fut impossible de s'orienter assez bien pour découvrir la maison qu'elle habitait et obtenir les renseignements, il se dit qu'il avait eu affaire à quelque prude ou à quelque niaise, et il supprima son écriteau.

Cependant l'époque de la première représentation de la pièce d'Arsène approchait.

L'auteur et l'actrice, se soutenant l'un l'autre, allaient faire ensemble leurs premières armes en face de la rampe.

La veille de ce jour mémorable, une idée folle traversa l'esprit de Pivoine.

Pour des motifs qui seront bientôt révélés à nos lecteurs, elle résolut de se jouer à elle-même une petite comédie d'intrigue, à laquelle rien ne manquerait, excepté des spectateurs et un dénouement.

Elle prit une *avant-scène* pour le lendemain au bureau de location du théâtre Bobino.

Elle écrivit *une* ligne environ sur une demi-feuille de papier.

Elle mit sous enveloppe la demi-feuille et le coupon.

Elle traça sur l'enveloppe une adresse ainsi conçue :

« *A Mocieu, Mocieu* Fra-Diavolo.

Rue de Fleurusse.

Puis elle jeta le tout à la poste, de manière à ce que la lettre fût distribuée le lendemain dans la matinée.

XXIV

DANS LES COULISSES.

On devait commencer *Madelinette* à huit heures.

A sept heures et quelques minutes Pivoine arrivait au théâtre et montait dans sa loge.

Nous disons : *sa loge,* car elle avait obtenu du directeur la jouissance exclusive d'un petit cabinet, long de trois pieds et large de quatre, meublé d'un tiroir, d'une toilette antique et de deux quinquets.

Ceci du reste était sans précédent dans les fastes de Bobino.

L'habilleuse attendait, tenant à la main une véritable gerbe de fleurs.

— Voici le bouquet que madame a commandé, dit-elle entre deux révérences.

— Bien, répondit la jeune fille, posez-le sur la toilette et venez avec moi.

— Je suis aux ordres de madame.

L'actrice et la duègne (l'habilleuse était vieille, comme presque toutes ses pareilles,) l'actrice et la duègne, disons-nous, arrivèrent sur le théâtre au moment où la toile venait de tomber après le troisième acte de *Picolo*.

Pivoine appliqua son œil au trou du rideau, et sembla pendant quelques secondes chercher à s'orienter.

Mais bientôt sans doute elle aperçut celui ou celle qu'elle désirait voir, car elle ne put retenir un petit geste de satisfaction.

Puis elle quitta son poste et fit signe à l'habilleuse de la remplacer.

— Regardez, lui dit-elle.

— Où cela, madame ?

— Côté gauche.

— M'y voilà.

— Avant-scène des premières.

— J'y suis.

— Vous voyez un jeune homme.

— Seul ?

— Oui.

— Habit vert à boutons d'or, moustaches noires et cheveux frisés, est-ce cela ?

— C'est cela.

— Un bien beau garçon, ma foi.

— Oh oui ! répondit Pivoine avec entraînement.

— Il a-t-il quelque chose à lui dire ? demanda l'habilleuse en clignant de l'œil, d'une façon qui signifiait qu'elle n'était point novice dans les fonctions discrètes des commissions galantes.

— Remontons, dit la jeune fille, quand nous serons en haut, je vous expliquerai ce qu'il faut faire.

Au bout de peu d'instants et après un entretien mystérieux avec la débutante, l'habilleuse entrouvrait sans bruit la porte de l'avant-scène de Fra-Diavolo. Nos lecteurs n'ont d'ailleurs qu'à se reporter aux premières pages de ce livre pour apprécier la façon victorieuse dont elle accomplit son message.

— Eh bien ? demanda Pivoine quand la vieille fut de retour.

— Il l'a.

— Et... a-t-il paru bien étonné en le recevant ?

— Dame ! un peu, il a été comme qui dirait, sauf votre respect, *interloqué*. Mais n'empêche, c'est un bien beau garçon, quoiqu'un peu *panné*.

— Ah ! il paraît... ce que vous dites ?

— Mon Dieu oui ! oh ! ça n'est pas encore là ce qu'il faudrait à madame, faite comme elle l'est, il y a des mille et des cents à gagner, et, si madame voulait le permettre, je me chargerais bien de lui faire faire des connaissances *chouettes*, rien que gens *de la haute*, bourgeois *rupins*, tous agents de change ou fabricants de produits chimiques.

Pivoine interrompit ces propositions, au moins bizarres, en disant avec hauteur.

— Une autre fois, madame, attendez pour m'offrir vos

services, que je m'adresse à vous... Il est temps de commencer ma toilette, appelez le coiffeur.

L'artiste capillaire, qui présidait aux bandeaux de mesdames les actrices et aux perruques de messieurs les acteurs de Bobino, se hâta d'accourir et voulut induire Pivoine en une profusion de boucles et de touffes, compliquées de bandoline et renforcées de fil de laiton.

Heureusement, le bon goût naturel de la jeune fille, la sauva de ce dangereux écueil, et les nattes brillantes de ses beaux cheveux noirs se tordirent derrière sa tête comme un diadème de velours, avec une simplicité charmante.

La coiffure une fois achevée, le reste de la toilette était peu de chose, aussi, quand Arsène vint frapper à la porte de la loge, il trouva Pivoine complétement habillée et jolie comme les amours.

— Vous êtes ce soir d'une beauté invraisemblable ! s'écria le jeune homme à la vue de sa maîtresse.

— En vérité ? demanda cette dernière, avec une coquetterie provocante.

— Regardez-vous... votre glace parlera pour moi et mieux que moi.

— Eh bien ! j'en suis charmée ! car je voudrais séduire.

— Qui donc ? fit Arsène en riant.

— Le public... répondit la jeune fille qui cacha sous une réticence le reste de sa pensée.

— Ce sera facile, vous n'aurez qu'à paraître.

— J'en accepte l'augure... Quand commençons-nous ?

— Dans cinq minutes, la première pièce est finie.

— Alors descendons.

— Soit, descendons et ne tremblez pas, Pivoine, n'ayez pas peur, le succès est sûr, et je vous promets une ovation, des bravos, des bouquets...

— Oh! pour des bouquets, j'y compte!... interrompit-elle en cachant un malin sourire.

Quelques minutes s'écoulèrent.

Les machinistes achevaient de *planter* le décor.

Pivoine regardait dans la salle par le trou du rideau.

Les musiciens regagnaient leurs pupitres.

Soudain le régisseur cria :

— *Place au théâtre !* — *Messieurs, mesdames, on commence !*

En même temps, un coup de sonnette avertit le chef d'orchestre dont l'archet grinçant donna le signal de l'ouverture.

La scène resta libre, et la débutante, tout en regagnant la coulisse, sentit ses jambes faiblir et le cœur lui manquer, alors que la voix du régisseur retentissait de nouveau pour prononcer ce mot magique :

— *Au rideau !*

Le sort en était jeté. La toile se levait; les destinées de la pièce et celles de Pivoine étaient désormais, et sans appel, entre les mains du parterre et des loges.

Grâce au ciel, la jeune fille n'avait point à paraître pour l'exposition, car sa première émotion fut si vive que, sans aucun doute, elle se serait trouvée mal, si, dès les dernières notes de l'ouverture, il lui avait fallu affronter le public; mais un instant lui suffit pour se remettre, et, quoique encore bien émue et bien palpitante, elle ne manqua point son entrée.

Nous avons donné déjà, acte par acte et pour ainsi dire scène par scène, les bulletins de l'accueil fait à *Madelinette*.

Sautons donc à pieds joints par dessus les péripéties de cette représentation, et reportons-nous au moment du *baisser* du rideau, à ce moment où Pivoine disparut au milieu d'une triple salve d'applaudissements, emportant le bouquet de Fra-Diavolo, et laissant celui d'Arsène gisant sur le plancher du théâtre, au milieu des fleurs dédaignées.

Le jeune littérateur quitta précipitamment la salle et gagna les coulisses, singulièrement agité et intrigué par cette circonstance.

Tandis qu'il cherchait, mais en vain, à se dérober aux compliments de son ami le directeur et aux félicitations intéressées des garçons d'accessoires, afin de pouvoir monter à la loge de Pivoine et entamer avec elle une explication, disons en quelques mots quelles avaient été les raisons déterminantes de la conduite de la jeune fille.

Lorsque, peu de jours auparavant, avait eu lieu, à l'aide du porte-voix et du papier peint de Fra-Diavolo, la correspondance aérienne que nous avons mise sous les yeux de nos lecteurs, Pivoine avait trouvé l'artiste tout à la fois très-ridicule et fort impertinent.

La veille de la première représentation, l'idée lui était venue de mystifier le présomptueux jeune homme, en lui faisant croire qu'une femme qu'il ne connaissait point et qu'il ne connaîtrait jamais, nourrissait à son endroit quelque profonde et mystérieuse passion.

Ceci explique l'envoi du coupon d'avant-scène.

Puis, réflexions faites, la débutante songea à utiliser Fra-Diavolo dans l'intérêt de son succès futur, et elle lui fit remettre le bouquet que nous connaissons avec la consigne de le jeter sur le théâtre à un moment donné.

Mais quand vint l'heure solennelle et quand Pivoine fut en scène, elle sentit tout d'un coup que ce qu'elle avait envisagé jusque-là comme une plaisanterie devenait une chose plus sérieuse qu'elle-même ne l'aurait voulu.

A peine s'était-elle avancée jusqu'à la rampe, qu'il lui sembla que le regard de Fra-Diavolo rayonnait autour d'elle et l'enfermait dans un cercle de feu.

Elle avait lu dans ce regard une de ces profondes admirations qui révèlent aux femmes la toute-puissance de leur beauté et qui, par conséquent, leur agréent bien davantage que les flatteries les plus délicates et les compliments les mieux ciselés.

Bien plus, elle y avait lu ou cru lire toutes les promesses d'amour et de voluptés que rêvait sa nature ardente et jeune, voluptés qu'aucun homme, excepté

Georges d'Entragues, ne lui avait jamais données.

Et son regard, à elle, avait répondu par de semblables promesses.

Aussi, lorsque la pièce s'acheva au milieu d'applaudissements unanimes, lorsque la débutante, rappelée avec des cris et des trépignements, reparut palpitante et fière, c'est à Fra-Diavolo que s'adressa son sourire, ce furent les fleurs de Fra-Diavolo qu'elle voulut ramasser.

Ceci est absurde ! ceci est invraisemblable ! Soit ! Mon Dieu, nous le savons, et pourtant nous n'inventons rien.

Dans le monde étrange dont ce livre a la prétention de reproduire les mœurs, nous avons vu maintes fois des passions brûlantes commencer ainsi, sans cause et sans prélude.

Quand la femme a cessé d'être un ange, quand elle a quitté la voie droite, la vie honnête, obscure et chaste, elle ne donne plus son cœur, elle le jette au hasard.

XXV

PROFITS DES JOURNALISTES.

Arsène parvint enfin, mais non sans peine, à rejoindre Pivoine dans sa loge.

Il commença par l'accabler d'embrassades et de compliments qu'elle subit avec une héroïque résignation, puis, après force méandres et par un chemin indirect, il aborda la question qui le préoccupait, en disant d'un ton piteux :

— Ah çà ! Pivoine, vous avez donc méprisé mon pauvre bouquet?

— Moi?

— Mais sans doute, puisque vous ne l'avez pas ramassé.

— Plaisantez-vous? le voici.

Et la jeune fille indiqua le bouquet de Fra-Diavolo avec un geste si admirable de conviction et de vérité, que nous ne pouvons nous empêcher de remarquer combien la dissimulation est naturelle aux femmes, puisque, même lorsqu'elles n'en ont pas l'habitude, elles excellent dans cette dangereuse science.

— Mais, reprit Arsène, ce ne sont point là mes fleurs, je vous ai jeté des roses mousseuses et des camélias.

— Ah! mon Dieu!... et moi qui ai cru... quel malheur! courez vite, mon ami, mettez sur pied tout le personnel de l'administration, et faites apporter ici tous les bouquets, sans exception! nous reconnaîtrons le vôtre, je serais désespérée de l'avoir perdu... je le conserverai toujours, savez-vous?... il me rappellera que je vous dois mon premier succès, mes premières couronnes...

Arsène, transporté de joie par ces douces paroles et complétement rassuré d'ailleurs à l'endroit de ses appréhensions jalouses, fouilla le théâtre, depuis le second dessous jusqu'au cintre, et vint à bout de reconquérir ses camélias que les machinistes étaient au moment de se partager.

Il les remporta triomphant et trouva Pivoine prête à partir. Tous deux quittèrent le théâtre.

Pour regagner le logement de la jeune fille il n'y avait que la rue à traverser. Arsène sonna et dit à sa maîtresse :

— A demain.

— Vous ne montez pas?

— Non.

— Pourquoi?

— Vous savez bien que je donne à souper à quelques journalistes qui doivent *nous* faire des articles. Je crois vous l'avoir dit ce matin.

— C'est juste. Je n'y songeais plus. A demain donc, mon ami.

Et Pivoine rentra seule, en bénissant l'heureux hasard, qui, pour cette nuit du moins, la débarrassait de son amant.

Puis, au lieu de se coucher, elle s'accouda à son balcon, et, pendant près d'une heure elle regarda les vitrages de l'atelier de Fra-Diavolo, sur lesquels la lune naissante jetait ses douces lueurs et ses reflets d'argent.

Arsène monta dans un cabriolet de remise qu'il avait pris à l'heure depuis le matin et il se fit mener chez Dagneaux (le *Café Anglais* du pays latin), afin d'y rejoindre la demi-douzaine de folliculaires auxquels il avait promis pour ce soir-là *noces* et *festins*.

Nous ne connaissons rien de pis que ces littérateurs prétendus qui végètent dans les bas fonds d'un journalisme fangeux.

Nous ne savons rien de plus odieux que ces misérables petites feuilles, se disant *Artistiques* et *Théâtrales*, mais pour lesquelles l'art et la scène ne sont qu'un prétexte, et qui déjeunent du scandale et dînent du *chantage*, quand toutefois, malgré ces honorables ressources, elles ne périssent pas de faim et de misère.

Ces journalistes malfaisants, lorsqu'ils parviennent à végéter, réalisent le beau idéal de ce qu'il serait convenable d'appeler *l'exploitation de l'homme par l'homme*.

La base sur laquelle ils s'appuient est toujours en effet une pensée de spéculation honteuse.

Tantôt ils *poussent à l'abonnement* les malheureux acteurs, en leur mettant le couteau sur la gorge, c'est-à-dire en les menaçant d'un amas de sales injures et de critiques déloyales.

Tantôt, ils lèvent le même impôt forcé sur l'amour-propre des auteurs chatouilleux qui ne se sont point encore cuirassé l'épiderme contre leurs piqûres de vipères.

Parfois, il vont trouver quelque fringante lorette, richement entretenue, et la menacent de raconter, dans un article Variétés, et sous le voile de transparentes initiales, comment elle a *soupé* la veille à la Maison d'Or, en tendre tête-à-tête avec un grand jeune homme blond, qui n'était point son *protecteur*.

Il est bien entendu que le fatal article arrivera dès le lendemain, sous enveloppe à l'adresse de ce dernier.

La lorette se débat, marchande, baisse la tête, puis finit par payer.

Et quand un hasard quelconque a jeté sous les griffes de la feuille *badine* quelque secret de faute véritable, quelque mystère de sérieuse honte, oh! comme alors la curée est large! Tudieu! quelle franche lippée! Le petit journal, songeant aux jours à venir, et prévoyant qu'il lui faudra plus d'une fois se serrer le ventre faute d'un dîner, mange, dévore, et se remplit la panse.

Il est tout glorieux, tout coquet, il se donne des airs conquérants !

Et c'est justice ! il a spéculé de façon lucrative sur l'honneur d'une femme ou sur l'échéance embarrassée d'un commerçant !

N'a-t-il pas le droit d'être fier !

D'ailleurs il s'appelle *le Papillon bleu, le Miroir des dames, le Sportman, l'Écho de la fashion, le Guetteur des spectacles, la Lorgnette, la Loge de face*, etc., etc. Son titre lui sert de passeport, et le trois quarts du temps, le public désintéressé dit en parlant de lui :

— Il est bête, mais il n'est pas méchant.

Erreur ! grossière erreur ! il est bête, mais il est méchant.

Quant au rédacteur du petit journal, c'est un type infiniment curieux dont nous ne voulons tracer ici qu'un croquis fort léger, notre projet étant de nous étendre sur son compte dans un autre livre où nous mettrons en scène les splendeurs et les misères de la vie littéraire à notre époque.

Au physique, il est généralement maigre et porte des lunettes afin d'abriter son regard faux et sournois.

Ses redingotes, qui n'arrivent guère à lui que de seconde main, ont des collets luisants et des parements gras et effilés.

Il a conservé l'usage des antiques chapeaux Gibus, qui s'éternisent sur sa tête.

Son linge est sale, et ses gants (quand il en a) sont noirs.

Notez bien, je vous en prie, que nous parlons du *rédacteur*, et non point du *propriétaire*.

Ce dernier, affiche parfois dans sa mise un luxe digne du plus élégant des marchands de cirage anglais, surtout quand aux bénéfices de son journal il ajoute les profits d'une *Agence dramatique*, ce qui est fréquent.

Au moral, le rédacteur est hargneux, haineux, envieux, vaniteux. Il n'a pas de talent et il déteste quiconque en a plus que lui.

Les succès d'autrui le désolent, il voudrait s'accrocher au talon de toute gloire naissante pour l'empêcher de croître et la rapetisser.

Malgré son orgueil, il sent son influence, et c'est son plus amer chagrin, aussi, cherche-t-il à en imposer aux autres et à lui-même sur son passé et sur son avenir d'homme de lettres.

A l'entendre, il a toujours un éditeur tout prêt, deux romans en quatre volumes enfouis dans les cartons d'un grand journal, une comédie reçue au Théâtre-Français, deux pièces au Palais-Royal et trois aux Variétés.

Les directeurs le craignent, assure-t-il, et comptent avec lui, on va le mettre en répétition la semaine suivante.

Or, la vérité est que le grand homme fait de la *copie* à

un sou la ligne, copie dont il ne trouve pas le placement, et s'estime infiniment heureux lorsqu'on lui joue une pantomime aux Funambules ou un vaudeville au *Petit Lazary*.

Rien de plus souple, du reste, que l'échine de ce monsieur, quand quelqu'un lui paie à dîner ou lui prête cent sous qu'il ne rendra jamais. Il brûle alors tout ce qu'il a d'encens en l'honneur de l'amphytrion... sauf à *l'empoigner* le lendemain dans son journal.

C'est à cette catégorie de *bohèmes* littéraires qu'appartenaient les invités d'Arsène Bâchu, au milieu desquels nous allons nous transporter.

L'amant de Pivoine avait grandement fait les choses.

Le salon du restaurateur offrait un éblouissant aspect.

Les candélabres chargés de bougies projetaient leurs clartés sur une table couverte d'argenterie et de cristaux, dont les facettes divisaient et renvoyaient comme autant de diamants les étincelles lumineuses.

Auprès de chacun des couverts se dressaient quatre verres de formes différentes, et le champagne achevait de se congeler dans des vases de plaqué de la forme la plus élégante.

Les journalistes, peu accoutumés à toutes ces merveilles, attendaient le héros de la fête, en fumant d'excellents cigares libéralement mis à leur disposition.

Quand Arsène parut, il fut accueilli par un *hourra* des plus bruyants.

C'était à qui le féliciterait, l'embrasserait, le complimenterait.

— Bravo! criait-on.

— Vive l'auteur de *Madelinette!*

— Vive le triomphateur!

— Vive le débutant qui commence par un coup de maître!

Etc... etc... etc...

Le jeune Bâchu, rougissant de joie, se rengorgea malgré lui et répondit avec une feinte modestie :

— Mes amis, mes chers amis... vous êtes trop bons!... trop indulgents... vous me gâtez... je vous remercie mille fois...

Puis, le bout de l'oreille perçant, il ajouta :

— Franchement, vous trouvez donc que ce n'est pas mal!...

— Pas mal!! mais c'est charmant!

— Ravissant!

— Admirable!

— Un petit chef-d'œuvre :

— Plus fort que Scribe!

— Que Bayard et Dumanoir!

— Que Duvert et Lauzanne!

— Que Melesville et Carmouche, et que tous les autres coupletiers dont le nom nous échappe pour l'instant?

— Ah! mes amis, reprit Bâchu, gonflé de joie à en perdre la respiration, vous me rendez heureux, bien heureux!... trop heureux, car il y a dans vos louanges une exagération manifeste... mais enfin, je les accepte comme témoignage de sympathie...

— Dites d'admiration!

— D'enthousiasme!

— Soit, messieurs, soit! Mettons-nous à table, je vous prie, nous parlerons de littérature en soupant.

Cette proposition fut accueillie avec une faveur marquée, et chacun s'assit à la place que lui désigna le hasard.

Arsène, comme étant le héros de la fête, occupait le haut bout de la table.

A sa droite siégeait le rédacteur du *Papillon bleu*, et à sa gauche le fondateur de *la Loge de Face*.

Le premier était un petit jeune homme malingre, aux cheveux rares et huileux, au visage blême et couvert de pustules, il passait pour spirituel, et sa méchanceté cynique était devenue proverbiale.

Le fondateur de *la Loge de Face* était au contraire un gros garçon de trente ou trente-cinq ans, au teint fleuri et à la barbe rouge, il parlait beaucoup et très-haut, il se vantait de charmer les actrices et se plaisait à narrer ses bonnes fortunes.

Sous une apparente bonhomie, ce journaliste cachait une prodigieuse finesse et une *habileté* singulière, qui l'avaient conduit déjà cinq ou six fois en police correctionnelle.

Tous deux, le jeune homme pâle et le gros garçon

rouge, entourèrent Arsène d'une myriade de petits soins et de délicates louanges pendant toute la durée du repas qui fut long, joyeux et bruyant.

Mais, chose étrange, tous deux, comme s'ils eussent été tacitement d'accord pour en agir ainsi, se ménagèrent autant que des convalescents, tandis qu'ils remplissaient sans cesse le verre de leur amphytrion, et l'excitaient à le vider sans relâche.

La petite scène qui va suivre expliquera sans doute à nos lecteurs les puissants motifs de cette sobriété inaccoutumée et intempestive.

Il était quatre heures du matin.

La nappe était jonchée de débris de toutes sortes, et tachée par des vins de toutes les nuances.

Excepté *la Loge de Face* et *le Papillon bleu*, tous les journaux étaient ivres.

Les uns dormaient la tête appuyée sur la table, les autres chantaient l'*ode à Priape*, cette honte immortelle d'un homme de génie.

Quelques-uns portaient avec des verres vides les toasts les plus extravagants.

Ceux-ci déclamaient des vers de tragédie.

Ceux-là fumaient consciencieusement des cigares parfaitement éteints.

Le fondateur de *la Loge de Face* appela le garçon qui sommeillait dans un coin et lui dit :

— Donnez-moi du papier, de l'encre et une plume.

Puis il se mit à griffonner.

Pendant ce temps, le petit jeune homme maigre poussa le coude d'Arsène qui tutoyait amoureusement une bouteille et lui prodiguait le nom de Pivoine, accompagné des plus tendres épithètes.

— Hein? demanda Bâchu en se retournant à moitié, qu'est-ce que tu veux, mon chéri?

— J'ai quelque chose à te proposer, mais je crois qu'il vaut mieux remettre cela à demain, car tu es gris.

— Allons donc! répliqua l'amphytrion qui chancelait sur son siége, moi... gris!!!

Marquis, tu railles!!!

Je suis calme et grave, comme... comme un âne qu'on étrille?... ah! ah! ah!... J'espère qu'elle est jolie... la comparaison... Je la trouve... littéraire?...

— Elle l'est, sans contredit, et te fait le plus grand honneur.

— Tu en conviens?...

— A l'unanimité.

— Je vois que tu es mon ami... et je t'ouvre mes bras... viens, mon ami... jette-toi sur le cœur de ton ami... afin que ton ami t'y presse.

Le journaliste se prêta à cette bachique accolade et reprit :

— Puisque tu es de sang-froid, écoute-moi donc...

— A la vie, à la mort!!! dispose de mes deux oreilles... et de toute ma personne...

— J'aborde la question nettement.

— Aborde... à l'abordage!

— Veux-tu être mon collaborateur ?

— Toujours !

— J'ai une pièce en trois actes reçue au Palais-Royal.

— Fichtre !

— Dans cette pièce, il y a quelques petits changements à faire, très-peu de chose, une scène à retoucher, un ou deux couplets à refondre, Dormeuil m'a proposé Dumanoir et j'étais au moment d'accepter, mais la représentation de ce soir m'a prouvé de quoi tu étais capable, je te demande ta collaboration, tu seras nommé le premier et tu palperas moitié des droits d'auteur qui monteront bien à huit mille francs, ça te va-t-il ?

Cette proposition éblouissante avait pour une seconde presque entièrement dissipé les vapeurs de l'ivresse dans la tête d'Arsène qui répondit :

— Si ça me va ! mais certainement que ça me va, et beaucoup.

— Alors c'est dit ! j'annoncerai demain dans le journal que tu es mon collaborateur, je te remettrai le manuscrit et tu feras ton travail à loisir...

— Oui, cher ami... oui... oui... oui...

— *A propos*, fais-moi donc le plaisir de me prêter quinze louis, tu te rembourseras de cette bagatelle sur ma part des droits de notre pièce...

— Mais comment donc... il te faut quinze louis... les voici... puise, mon collaborateur, puise...

Et Arsène tira de sa poche une poignée de napoléons qu'il avait apportés pour solder l'addition du souper, et sur lesquels le journaliste fit main basse avec avidité.

La première partie de la farce était jouée ; le jeune Bâchu s'assoupit à moitié.

Le fondateur de la *Loge de Face* coupa court à cette somnolence en s'écriant :

— Voilà qui est fini ! ! !

— Quoi ? demanda Arsène brusquement réveillé.

— Mon article.

— Quel article, cher amour ?

— Sur ta pièce... et c'est un joli morceau de critique et de style, veux tu que je te le lise ?

— Ah ! oui, par exemple ! ! !

— Voilà ce que c'est :

Et le gros garçon lut à haute et intelligible voix, sans sourciller et sans rougir, trois colonnes de louanges hyperboliques et plates, de flagorneries ampoulées, lieux communs dont rien ne déguisait la redondante friperie, mais qui flairaient comme baume aux narines largement ouvertes de l'absurde vanité d'Arsène.

L'ivresse de l'orgueil chatouillé, se mêlant à l'ivresse du champagne, acheva de tourner complétement la tête du pauvre Bâchu, qui certes en ce moment, s'il eût fallu passer sous l'Arc-de-Triomphe de l'Étoile, aurait courbé le front de peur de se heurter aux frises du monument.

— Eh bien, es-tu content ? demanda le journaliste en terminant sa lecture.

— Je le suis, répondit Bâchu, d'un air impérial.

— Ça passera demain dans le journal.

— J'en retiens quatre mille exemplaires...

— Tu les auras. *A propos*, rends-moi donc un léger service. Je suis un peu gêné dans ce moment, et mon marchand de papier refuse de prendre ma signature, endosse je te prie ce petit billet, payable fin du mois... je ferai les fonds, ainsi ça ne te coûtera pas un sou et ça m'obligera.

Arsène saisit une plume et mit son nom et son paraphe au dos du papier timbré que lui présentait son apologiste *désintéressé*.

L'instant d'après, les deux journalistes se rejoignirent dans l'embrasure d'une fenêtre.

— La poule est plumée !!! dit le *Papillon Bleu*.

— Et n'a pas crié ! répondit la *Loge de Face*.

— Combien as-tu fait ?

— *Cinq cents* en un billet à quinze jours de date.

— Et moi trois cents comptant, en or.

— Allons, la soirée n'est pas mauvaise et nous avons fait nos frais.

— En attendant mieux.

Lorsque les forbans littéraires se rapprochèrent après cette conversation édifiante, de l'endroit où ils avaient laissé leur proie, Arsène avait disparu, mais un ronflement sonore et régulier annonçait qu'il dormait sous la table.

XXVI

FRA-DIAVOLO.

Le surlendemain du souper, ou plutôt de l'orgie des journalistes à laquelle nous avons fait assister nos lecteurs, et au moment où dix heures du matin sonnaient, il se fit un bruit subit dans le salon qui précédait la chambre à coucher de Pivoine.

La jeune fille dormait encore.

Les persiennes fermées et les rideaux de mousseline blanche doublés d'étoffe rose rabattus devant les fenêtres, entretenaient malgré les clartés du soleil une demi-obscurité, et peut-être le sommeil de la jolie comédienne se fût-il prolongé, si le bruit dont nous venons de parler ne l'eût interrompu.

Pivoine agita la clochette qui se trouvait à portée de sa main sur la table de nuit.

La femme de chambre accourut à cet appel.

— Qu'y a-t-il ? demanda Pivoine.

— Ce sont deux commissionnaires qui viennent de la part de M. Arsène, répondit la soubrette.

— Et qu'est-ce qu'ils veulent ?

— L'un apporte un grand chevalet et une boîte en sapin fermée à clef, l'autre un billet que voici et les habits de théâtre de madame.

— Mes habits de théâtre ! c'est singulier ! pensa Pivoine, en ouvrant la lettre que sa femme de chambre venait de lui donner.

Cette lettre était d'Arsène et contenait les lignes suivantes :

« Ma chérie,

« Je viens de faire prendre au Luxembourg votre costume de *Madelinette*, mettez-le ce matin, je vous prie.

« Je serai chez vous dans une heure et je vous expliquerai le motif de ce déguisement.

« Je vous embrasse comme je vous aime, c'est-à-dire mille et mille fois.

ARSÈNE. »

— Quelle idée bizarre ! s'écria la jeune fille, enfin ! faisons ce qu'il demande, je saurai bientôt le mot de l'énigme.

Et Pivoine, sautant à bas de son lit, commença sa toilette.

A onze heures précises, Bâchu frappait doucement à la porte du salon.

— Qui est là? demanda Pivoine, est-ce vous, Arsène?

— Oui.

— Eh bien, entrez.

— C'est que j'ai quelqu'un avec moi. Êtes-vous prête, et pouvez-vous nous recevoir?

— Sans doute.

La porte s'ouvrit, et Pivoine eut peine à contenir un cri de surprise et d'émotion en voyant que le compagnon d'Arsène était précisément le jeune homme qui depuis plusieurs jours la préoccupait si vivement, nous voulons dire son correspondant aérien, l'hôte de l'avant-scène du Luxembourg, Fra-Diavolo en personne!

L'artiste, lui, s'attendait sans doute à cette entrevue, car ses traits restèrent calmes tandis qu'il saluait Pivoine, et son regard seul prit une expression passionnée en se croisant avec celui de la jeune fille.

— Ma chère amie, dit Arsène en désignant du geste Fra-Diavolo, je vous amène monsieur, un de nos jeunes peintres les plus distingués, qui veut bien se charger de faire pour moi votre portrait, voilà le motif qui m'a fait vous prier de revêtir ce matin le costume du rôle que vous jouez dans ma pièce.

— Madame n'avait fichtre pas besoin de cela pour être jolie à croquer! s'écria l'artiste en tordant sa moustache. Parole d'honneur! elle *dégomme* les Watteau et les Boucher les plus *chics*! Si Latour avait eu pour ses pastels des modèles dans ce style-là, *nom d'un petit bonhomme!*

nous aurions aujourd'hui des chefs-d'œuvre un peu *chouettes!*

Pivoine sourit et rougit de cette louange à brûle-pourpoint.

Arsène trouva que la phrase du peintre était éminemment empreinte de couleur artistique et locale, et se promit de la faire intercaler par Gilbert dans le premier vaudeville qu'il lui commanderait.

— Quand voulez-vous que monsieur commence? demanda la jeune fille à son amant.

— Mais, quand vous le voudrez vous-même.

— Eh bien! tout de suite.

— Soit, et si cela vous convient, vous donnerez chaque matin séance à monsieur de onze heures à une heure.

— Cela me convient parfaitement.

— Alors c'est décidé?

— Oui.

— Le jour de cette pièce est-il bon! dit Arsène en s'adressant à Fra-Diavolo.

— Exquis! répliqua le peintre.

— Il ne s'agit plus que d'installer votre chevalet, je vais vous le faire apporter.

Arsène sortit de la chambre.

L'artiste courut à Pivoine et lui dit rapidement :

— C'est donc vous?... C'est donc toi!.. Oh! ange... enfin je te retrouve! le ciel en soit béni, car, vois-tu, *par Rubens!* je te chéris de terrible façon!

Et joignant le geste aux paroles, il enlaça cavalièrement la taille de Pivoine à qui il vola, malgré sa faible résistance, une demi-douzaine de baisers.

— Mais, monsieur !... s'écria la jeune fille en se réfugiant dans un angle du salon, confuse en apparence, quoique en réalité fort satisfaite des témérités vaillantes de Fra-Diavolo.

— Écoute, reprit ce dernier, écoute, mon idole ! il ne s'agit ni de faire des phrases, ni de perdre son temps aux bagatelles de la porte, je t'adore et tu le sais bien, je suis jeune et j'ai du talent, aime-moi et j'aurai du génie ! Le bon Dieu a fait les belles filles pour les grands peintres, c'est connu ! Je parierais ma pipe *Indiana* contre une once de *caporal*, que tu détestes ce jobard qui m'a conduit ici ! est-ce qu'on peut aimer une *boule* d'escogriffre pareille à la sienne ? allons donc ! Plante-le là ! sois la Fornarina d'un nouveau Raphaël, et je te le jure, aussi vrai que je m'appelle Fra-Diavolo, je t'immortaliserai comme la maîtresse de Titien !!

Pivoine allait répondre à cette tirade chaleureuse, mais incohérente, quand Arsène entra et coupa court par sa présence à l'entretien, qui, ainsi posé, devait marcher fort vite.

La séance commença.

Au bout de deux heures l'esquisse était presque achevée, et l'on devinait déjà, sous les lignes heurtées du fusin, les traits enchanteurs de Pivoine.

L'artiste partit, en prenant pour le lendemain un rendez-vous officiel, mais en se promettant bien de revenir clandestinement le soir même.

———

Dans le premier chapitre de la première partie de cette humble étude, nous avons pris l'engagement de donner quelques détails sur les antécédents artistiques de Fra-Diavolo.

Nous allons consacrer, à acquitter cette dette, un petit nombre de pages.

Robert Friquet, autrement' dit *Fra-Diavolo*, naquit, nos lecteurs le savent, d'une portière de la rue Coquenard.

Pantaléon Friquet, son père, était un affreux tailleur, bossu et cagneux, lequel, marié depuis six ans à une assez jolie femme, n'avait procréé durant ce laps de temps aucun héritier de sa loge et de ses aiguilles.

Un petit appartement de garçon se trouva vacant dans la maison sur ces entrefaites, et fut loué par un Napolitain superbe, haut de cinq pieds huit pouces, et pourvu d'une barbe noire digne d'un sapeur de la vieille garde.

Ce Napolitain n'avait pas de domestique, et madame Eulalie Friquet se chargea de faire son ménage.

Ceci dura deux mois, puis, à tort ou à raison, le tailleur devint jaloux et défendit à sa femme de remettre les pieds chez le beau locataire.

Madame Friquet fut révoltée des injurieux soupçons de monsieur son mari, elle pleura beaucoup, se désola bruyamment, puis...

Puis au bout de sept autres mois accoucha d'un garçon.

Et voyez un peu les mauvaises plaisanteries du hasard !

Eulalie était blonde.

Son mari était roux.

Le petit Robert fut brun.

De cette dissemblance de teintes, le tailleur tira toutes sortes de conclusions biscornues.

Aussi le malheureux enfant arrivait à peine au monde qu'il était déjà détesté.

Détesté par son père, qui ne lui pardonnait point ses yeux noirs et ses cheveux d'ébène.

Détesté par sa mère, qui se voyait quotidiennement battue à cause de lui.

Du pain sec à déjeuner, du pain sec à goûter, du pain sec à dîner, de plus le fouet matin et soir, voilà de quelles roses fut semée l'existence de Robert, durant ses premières années.

Hâtons-nous d'ajouter que, grâce à ce régime, l'enfant devint le plus odieux gamin et le plus *indécrottable* polisson du quartier.

(Le mot indécrottable n'est peut-être pas français, mais il est parlementaire : — Voir au *Moniteur* les discours de Sa Majesté Cavaignac Ier, dictateur de l'état de siége, par la grâce du sabre).

Quand Robert eut atteint l'âge de dix ans, son père

parla de l'envoyer à Brest, pour l'embarquer en qualité de mousse sur les navires de Sa Majesté.

L'enfant, à qui la perspective des coups de garcette ne sourit que médiocrement, résolut d'en finir.

Il mit ses meilleurs souliers et sa casquette des dimanches.

Il vola dix francs dans l'armoire de sa mère et quitta pour toujours la loge paternelle.

Certes, le jeune Friquet entrait dans la vie par une mauvaise porte, et il y avait fort à parier, qu'abandonné à lui-même dans un âge aussi tendre au milieu des corruptions de Paris, il suivrait tout naturellement cette route facile qui conduit de la police correctionnelle à la cour d'assises et de la cour d'assises au bagne.

Le hasard en avait décidé autrement.

Friquet, durant toutes les années de son enfance n'avait eu d'heures heureuses, n'avait éprouvé de douces jouissances, que lorsqu'il s'arrêtait la bouche béante et les yeux largement ouverts en face des étalages en plein vent des marchands d'estampes, ou devant les magasins de vieux tableaux.

Toute figure peinte, tout objet gravé, avait pour lui un prodigieux attrait, et souvent un morceau de charbon à la main, il essayait de reproduire sur quelque muraille les traits principaux des dessins qui l'avaient le plus vivement frappé, dans ses pérégrinations à travers les passages et sur le bord des quais.

Les procédés mécaniques de la peinture à l'huile l'intéressaient surtout au plus haut point, et, sitôt qu'il se fut rendu par sa fuite maître de tout son temps, il consacra la plus grande partie de ses journées à courir les rues de Paris, jusqu'à ce qu'il eut rencontré un peintre d'attributs, ornant de schakos et d'épaulettes la devanture d'un magasin de chapeaux, ou de saucisses et de hures de sanglier la boutique d'un charcutier.

Dès qu'il avait trouvé son homme, il s'établissait auprès de lui, et, muet d'admiration, haletant de curiosité, il regardait le mélange des couleurs sur la palette et observait la manière de les répartir et de les nuancer avec le pinceau.

Quand la faim se faisait sentir, Friquet gagnait les boulevards, ouvrait quelques portières de fiacres, obtenait quatre ou cinq sous, achetait du pain, des pommes de terre frites, du fromage d'Italie, ou un cervelas à l'ail et dînait comme un roi.

La nuit, il couchait dans des maisons en démolition, dans des fours à plâtre, ou dans les carrières de Montmartre.

Pendant deux années environ, Friquet mena cette vie inutile et oisive, mais fort innocente.

A cette époque, il était, malgré ses cheveux en désordre et sa blouse en lambeaux, le plus joli enfant qu'il fût possible d'imaginer.

Un beau jour le jeune garçon s'arrêta devant une boutique de marchand de vin, faisant l'angle de la rue de Beaune et de la rue de Lille.

Un artiste décorateur s'occupait à figurer sur la devanture les plus merveilleux attributs.

C'étaient d'abord une série de petits écussons environnés de pampres verts et de fruits vermeils, — sur leur fond bleu se détachaient en lettres d'or ces mots : Beaune, — Nuits, — Volnay, — Pomard, — Chambertin, — Romanée, — Champagne, — Saint-Georges, — Saint-Julien, — Médoc, — Tavel, — Sauterne, — Lunel, — Lafitte, — etc.

Ces écussons servaient d'encadrement à des cartouches plus vastes, dont chacun était un véritable tableau de *genre*, ou de *nature morte*.

Ici, de joyeux Flamands trinquaient dans une guinguette enfumée.

Là, d'élégants officiers de hussards, embrassaient de jolies filles tout en décoiffant des flacons de vin d'Aï.

Plus loin, des bourriches éventrées, laissaient, comme des cornes d'abondance, s'échapper de leurs flancs les huîtres qu'elles recélaient.

De ce côté, des biscuits, des punchs flambants, et bien d'autres choses encore.

Enfin, tout en haut et pour couronner l'œuvre, un Silène rebondi, à cheval sur un tonneau, faisant ruisseler dans une coupe de cristal le jus d'une grappe de raisin.

Au moment de l'arrivée de Friquet, l'artiste donnait les derniers coups de pinceau aux grains appétissants de ce raisin doré.

Après une demi-heure de travail, il descendit de son échelle et se recula de quelques pas pour juger de l'effet général.

Il aperçut alors le jeune garçon dont les yeux pétillaient d'enthousiasme.

Cette muette et naïve sympathie flatta singulièrement l'artiste.

— Comment trouves-tu ça? demanda-t-il à Friquet.

— Oh! c'est bien beau, m'sieu! répondit ce dernier.

— Le fait est que ça peut passer pour de l'ouvrage *ficelé*! reprit le décorateur, tu n'en ferais pas autant, hein! mon garçon?

— Moi, m'sieu?

— Oui, toi?

— Oh! j'crois qu'si!

L'artiste se figura qu'il avait mal entendu.

— Qu'est-ce que tu dis? s'écria-t-il.

— J'dis : que j'crois qu'si, m'sieu.

— Tu plaisantes?

— Non, m'sieu.

— Par exemple, je serais curieux de voir cela.

— Il ne tient qu'à vous, et si vous voulez, je vais essayer.

— Je le veux bien, blanc-bec, essaie.

Friquet atteignait ainsi le but de ses plus ambitieux désirs.

Toucher une palette, manier des couleurs, c'était le rêve de sa vie.

Il prit les pinceaux, et, profitant de sa longue expérience *théorique*, il ébaucha, fort hardiment ma foi, sur un bout de volet, une feuille de vigne et une grappe de raisin.

Ce n'était point parfait sans doute, mais c'était au moins passable.

Le peintre n'en croyait point ses yeux, mais, une fois la première surprise dissipée, il se dit que cet enfant précoce lui pouvait devenir très-utile; il ne fallait pour cela que lui donner quelques leçons et s'en faire aider par la suite dans ses travaux, moyennant une rétribution légère.

Il le questionna sur sa famille, et le sachant indépendant, il lui proposa de le prendre avec lui.

Friquet, comme bien on pense, accepta avec empressement.

Trois ans après, l'enfant, devenu jeune homme, était l'un des plus habiles peintres d'attributs de Paris et de la banlieue.

───────

Pour expliquer ce qui va suivre, nous sommes obligé d'entrer, relativement à l'art, dans quelques considérations d'un ordre assez élevé.

Il y a dans toute œuvre artistique deux côtés bien distincts, celui de la conception intelligente et celui de l'exécution matérielle.

Autrement dit et en deux mots, il y a la *pensée* et la *forme*.

Pour quelques artistes, chez lesquels la *pensée* est créatrice et puissante, la *forme* fait défaut, la *main* trahit *l'esprit* et ne parvient point à rendre exactement sur une toile, ni à faire jaillir d'un bloc de terre glaise le tableau ou la statue longtemps rêvés.

Pour certains autres, au contraire, la palette est toujours docile, l'ébauchoir n'a point de rigueurs, mais la pensée féconde est absente, et, quand on étudie les œuvres produites, on ne trouve ni originalité, ni inspiration, sous les brillants dehors d'une exécution irréprochable.

Donnez un beau modèle à ces artistes prétendus, ils le reproduiront avec une désespérante exactitude, ils sauront imiter la *manière* de toutes les écoles, les procédés de tous les maîtres. Ils sont copistes, mais non créateurs.

C'est dans cette dernière catégorie qu'il fallait ranger Robert Friquet.

Il était arrivé rapidement à une grande habileté de *faire*, il possédait tout ce qu'on est convenu d'appeler les *ficelles* du métier, et il obtenait des résultats mécaniques assez remarquables, sans contredit, pour attirer l'attention des connaisseurs, ce qui ne manqua point d'arriver, et ce qui fut d'ailleurs plus nuisible qu'utile à la carrière du jeune homme.

Voici pourquoi et voici comment.

Un peintre d'histoire, de quelque talent et d'une certaine réputation, voyant un jour Robert Friquet à l'œuvre, fut charmé de la beauté de sa couleur et de la franchise de sa touche.

Il crut pour lui à un avenir artistique des plus brillants. Il lui offrit ses conseils et une place gratuite dans l'atelier de ses élèves.

Dès le lendemain, le jeune peintre enchanté s'installait en effet au milieu d'une douzaine de futurs grands prix de Rome.

C'est parmi les *charges* d'atelier que lui fut décerné le sobriquet de *Fra-Diavolo,* qui, par la suite d'une longue habitude, devint plus connu que son véritable nom.

Mais hélas, en quittant les *attributs* pour la haute peinture, Fra-Diavolo avait échangé une aisance certaine contre une infaillible misère.

Le talent, qui faisait l'admiration des boutiquiers et des badauds alors qu'il se formulait en *enseignes* et en *ornements*, ne fut plus et ne devait plus être que très-médiocrement apprécié quand il voulut monter dans la sphère de l'art véritable.

Après deux nouvelles années d'études, le jeune peintre, trop orgueilleux de son génie et trop fier de soi-même pour retourner aux travaux en plein vent, œuvres vulgaires, mais grassement payées, mit le pied dans la vie de privation et de misère dont tous les artistes, inconnus ou méconnus, doivent subir les douleurs et les fréquents martyres.

Fra-Diavolo, du reste, grâce à l'insouciante légèreté de son caractère, supporta mieux qu'un autre les épreuyes de cette existence, durant laquelle bien souvent le travail du jour ne suffit point au pain du lendemain.

Grâce à des petits tableaux, colportés chez les juifs et vendus à vil prix, grâce à quelques copies commandées, et grâce surtout à un assez grand nombre de portraits qui lui valurent une sorte de célébrité, le jeune artiste parvint à vivre tant bien que mal, et à faire vivre avec lui son rapin Olibrius.

Tel était le passé de Fra-Diavolo au moment où nous avons eu l'honneur de le présenter à nos lecteurs.

XVII.

UNE SCÈNE D'ATELIER.

Fra-Diavolo, après la première représentation de *Madelinette* avait quitté le Théâtre de Luxembourg, le cœur percé d'outre en outre et la tête complétement à l'envers.

Comme peintre et comme homme, au point de vue de la *forme artistique* aussi bien qu'à celui du *désir amoureux*, il était doublement épris de la comédienne.

Il rentra donc chez lui dans un violent état de surexcitation érotico-nerveuse, il oublia de souper, se coucha, mais ne put s'endormir, et, après une nuit des plus blanches, il quitta son atelier dès six heures du matin pour aller demander au concierge du théâtre l'adresse de Pivoine.

Le cerbère, dont Arsène rétribuait la discrétion, reçut fort mal le questionneur indiscret, qui se vit contraint d'aller promener ses rêveries amoureuses dans les allées du Luxembourg, jusqu'au moment où il fut reconduit instinctivement vers son logis par l'heure du déjeuner.

Dans l'après-midi, Fra-Diavolo mit sous son bras une petite pochade à demi-terminée qu'il retrouva dans un coin et qu'il porta chez un brocanteur du quai Voltaire, digne israélite qui en fit l'acquisition, moyennant la somme modique de cinq francs.

Grâce à ce subside, Fra-Diavolo put reparaître le soir dans l'avant-scène qu'il occupait la veille.

A son aspect, Pivoine devint écarlate, et, durant tout le cours de la représentation, elle répondit à ses regards brûlants par des œillades pleines de promesses.

Le peintre convaincu dès lors que le billet anonyme, le bouquet mystérieux et le coupon de loge venaient de l'actrice, sûr par conséquent de sa bonne fortune, songea à en brusquer le dénouement.

Pour cela faire, aussitôt après la chute du rideau, il sortit de son avant-scène, et s'en alla guetter à la porte des acteurs le passage de la jeune fille.

Pivoine ne se fit point attendre, mais, hélas! Arsène Bâchu l'accompagnait, et cette fois il ne la laissa point rentrer seule.

Fra-Diavolo, furieux de désappointement et de jalousie, resta dans la rue, les yeux fixés sur la maison qu'habitait son idole.

Il vit bientôt s'éclairer les fenêtres du cinquième étage, et, connaissant désormais le logis de l'actrice, il se promit de chercher dès le jour suivant un moyen ingénieux pour entrer en relation avec elle.

Nous ne savons s'il eût trouvé facilement ce *moyen ingénieux*, toujours est-il qu'il n'en eut pas besoin.

Le lendemain, sur les neuf heures, au moment où Fra-Diavolo et Olibrius déjeunaient de façon frugale, on heurta doucement à la porte de l'atelier.

— Olibrius... dit l'artiste.

— Qu'y a-t-il, maître? demanda le rapin.

— Je crois qu'on frappe.

— Je le crois aussi, faut-il ouvrir?

— Sans doute, mais d'abord assure-toi que ce n'est point un *Anglais* qui nous vient dans un but hostile.

Olibrius marcha sur la pointe du pied jusqu'à la porte et appliqua son œil contre une étroite ouverture, pratiquée dans la cloison à cette fin de laisser reconnaître les visiteurs avant de les introduire, le sanctuaire restant hermétiquement clos pour la cohorte des créanciers, autrement désignés par le pseudonyme d'*Anglais*.

Ceci fait, il revint auprès de l'artiste.

— Eh bien ? demanda ce dernier.

— Figure inconnue.

— Masculine?

— Oui, c'est un monsieur bien couvert et qui a l'air bête.

On frappe pour la seconde fois.

— Hâte-toi d'ouvrir, Olibrius, c'est sans doute un *Mécène* qui vient pour une commande.

Olibrius obéit, et Fra-Diavolo tressaillit à l'aspect de l'arrivant, lequel n'était autre qu'Arsène Bâchu en personne.

On se souvient que le jeune vaudevilliste avait été désigné devant le peintre par les étudiants ses voisins d'avant-scène, et que la veille encore il l'avait aperçu ramenant Pivoine chez elle.

— Que diable peut-il me vouloir? pensa Fra-Diavolo, saurait-il déjà quelque chose... mais non, c'est impossible puisqu'il n'y a rien encore...

Arsène fit deux pas et dit en saluant:

— Monsieur Fra-Diavolo, je vous prie?

— C'est moi, monsieur.

— Artiste?

— Pour vous servir!

— Et peintre d'un grand mérite.

— Heu! heu!... dit Fra-Diavolo qui se rengorgea, quelques personnes ont l'indulgence de le supposer...

— Et elles ont raison, poursuivit Bâchu en s'approchant du chevalet et en regardant l'ébauche du satyre et de la nymphe endormie, ébauche dont nous avons déjà parlé, voilà un petit tableau qui est gaillard et dont je m'arrangerais volontiers.

— Donnez-vous donc la peine de vous asseoir!... Olibrius, avancez une chaise à monsieur.

— Je suis un admirateur enthousiaste des beaux arts, reprit Arsène, moi-même je cultive les lettres et je les regarde comme sœurs de la peinture...

— Ah!... monsieur est écrivain?

— Mon Dieu oui... j'ai publié quelques livres fort goûtés du public... entre autres, *les Trois Pendus*, roman en quatre volumes, dont mon éditeur met sous presse en ce moment la deuxième édition... aujourd'hui je fais des vaudevilles, et j'ai obtenu avant-hier encore un joli succès au théâtre voisin...

— Est-ce que vous seriez par hasard l'auteur de *Madelinette?* demanda Fra-Diavolo, qui savait parfaitement à quoi s'en tenir.

— Oui, monsieur, répondit Arsène.

— Ah! sac à papier, laissez-moi vous complimenter! s'écria le peintre en jouant l'enthousiasme, et en s'emparant de la main de Bâchu, qu'il broya vigoureusement entre les siennes. J'ai vu votre pièce, et, nom d'un petit bonhomme! je ne connais rien de cette force-là!... vous devriez bien donner un billet à Olibrius à qui j'en parle depuis deux jours... hein! Olibrius?

— Oh ça! oui, que vous m'en parlez! répliqua vivement le rapin, qui comprit que son maître avait un intérêt quelconque à se mettre au mieux avec le voisin, vous ne pensez plus qu'à cette pièce-là, même que ça en en devient une *scie.*

— Va la voir, et tu m'en diras des nouvelles.

Arsène, rayonnant, tira de son portefeuille un des coupons dont il était toujours muni et l'offrit à Olibrius qui ne se fit point prier pour l'accepter.

— Voilà qui est bien, reprit alors l'amant de Pivoine,

je suis très-heureux, *mon cher artiste,* de vous avoir fait passer quelques moments agréables, mais causons un peu, je vous prie, du sujet qui m'amène...

— Parbleu! causons-en, et causons-en beaucoup, je suis certain d'avance que nous nous entendrons.

— Ce n'est pas douteux. Je viens pour un portrait.

— Ah! ah!

— Un joli portrait...

— Le vôtre?

— Ceci est méchant!

— Pas du tout, vous avez une tête expressive... un type *chiqué,* j'aimerais à croquer votre *boule.*

— Ça viendra sans doute plus tard, mais commençons par le plus pressé.

— C'est juste.

— J'ai une maîtresse...

— Vous en êtes fichtre bien capable.

— Une maîtresse d'une fort remarquable beauté.

— Je vous en fais mon compliment.

— Mais j'y songe, vous la connaissez.

— Moi?

— Vous-même.

— C'est particulier!

— Du tout, c'est tout naturel, puisque vous avez vu *Madelinette...*

— Comment, interrompit Fra-Diavolo avec une feinte surprise, est-ce que ce serait mademoiselle Pivoine?

— Elle-même.

— Ah! *mon cher auteur,* vous êtes un homme heureux ! Par Rubens, c'est une merveille que cette fille-là !

— Un artiste doit ambitionner de reproduire des traits pareils, n'est-ce pas?

— Non d'une pipe, je le crois bien !

— Réjouissez-vous alors, car c'est Pivoine que vous peindrez.

Tandis qu'Arsène prononçait ces dernières paroles, Fra-Diavolo, qui jusqu'à ce moment n'avait pu croire complétement au fortuné hasard qui l'amenait à son but d'une façon si prodigieuse et si invraisemblable, se sentit devenir cramoisi comme s'il eût été frappé d'un subit coup de soleil.

Bâchu, sans s'apercevoir de l'émotion du peintre, continua ainsi :

— Je vous suis adressé par un journaliste de vos amis, Bazile Pitou, lequel m'a dit que vos prétentions seraient modérées. De la plume au pinceau il n'y a que la main, aussi je compte que vous me traiterez en confrère. Quel sera le prix du portrait en question?

— Le prix ?... balbutia Fra-Diavolo, qui n'était point encore remis de son trouble.

— Oui.

— Ce sera... ce que vous voudrez...

— Point du tout, je désire que nous fixions un chiffre.

— Soit ! Quelle doit être la dimension de la toile?

— Celle-ci, répondit Arsène en désignant un châssis appuyé contre le mur. C'est, je crois, à peu près le quart de grandeur naturelle. Vous peindrez ma maîtresse en pied, et dans le costume de son rôle. Trouvez-vous mon idée ingénieuse?

— Ravissante!

— Traitons donc vite la question d'argent, combien voulez-vous?

— Deux cents francs, dit le peintre.

— Diable! c'est cher...

— Oh!

— Non pas, certes, pour votre talent, mais pour ma bourse.

— Alors, mettons cent cinquante francs et n'en parlons plus.

— Voilà qui est dit; quand pouvez-vous commencer?

— A l'instant.

— Combien vous faudra-t-il de séances?

— Quinze, répondit Fra-Diavolo, qui songeait à se ménager de nombreuses entrevues; et encore, ça dépassera peut-être ce nombre à cause des accessoires.

— Très-bien. Je vais envoyer un commissionnaire à qui vous remettrez votre chevalet et vos ustensiles, et dans une heure je viendrai vous prendre.

— Vous me trouverez prêt.

— A bientôt, *mon cher artiste.*

— A bientôt!

A peine Bâchu avait-il refermé la porte derrière lui, que Fra-Diavolo se mit à exécuter dans son atelier une danse si excentrique et si véhémente, qu'Olibrius le crut tout d'abord atteint d'un accès de folie furieuse.

Mais quelques paroles d'explication suffirent pour le mettre au fait, et il fit chorus avec son maître en dessinant à son tour les poses les plus fantastiques d'un cancan échevelé, et en chantant, ou plutôt en criant à tue-tête :

> Et d'*autor* et d'*achar*
> Enfoncé le jobard !
> . . . .
> . . . .

XXVIII

LE FLAGRANT DÉLIT.

A l'heure dite, Arsène vint chercher Fra-Diavolo et l'emmena chez Pivoine, réalisant ainsi cette situation, féconde en vaudevilles, du mari peu clairvoyant qui fait la courte échelle au galant de sa femme.

Nos lecteurs connaissent les détails de la première entrevue du peintre et de l'actrice.

Ils doivent se souvenir que, sitôt la séance terminée, Fra-Diavolo quitta la maison de la rue Madame, mais en se promettant bien d'y revenir avant le lendemain.

En effet, l'artiste, au lieu de retourner chez lui, s'embusqua dans un petit café qui fait face au théâtre Bobino, et épia la sortie d'Arsène qui ne tarda point à quitter Pivoine et à s'éloigner par l'une des grilles du Luxembourg.

Fra-Diavolo le vit passer, s'élança dans l'escalier.

franchit les cinq étages, et, sans se donner le temps de reprendre haleine, mit la sonnette en branle.

La femme de chambre était absente.

Pivoine, croyant reconnaître le coup de cloche du maître, supposa qu'Arsène avait oublié quelque chose et vint ouvrir elle-même.

A la vue de l'artiste elle s'écria vivement :

— Vous, monsieur !

— Toujours, répondit Fra-Diavolo qui entra et referma la porte.

— Que me voulez-vous, je vous prie?... Il n'est pas l'heure, ce me semble, de continuer mon portrait... et d'ailleurs je suis seule...

— Tant mieux !

— Comment... tant mieux?

— Oui ! cent fois oui ! c'est parce que je vous savais seule que je suis venu... j'ai beaucoup de choses à vous dire, beaucoup, beaucoup, et de ces choses, ô Pivoine, qui réclament le *huis clos* le plus absolu...

— Tout en parlant, l'artiste ouvrit la porte du salon et poussa légèrement la jeune fille pour la faire entrer la première.

— Mais, monsieur... balbutia Pivoine, troublée tout à la fois par un commencement de crainte et par un éclair de pudeur, mais monsieur, répéta-t-elle encore.

— Venez, répondit Fra-Diavolo, venez de bonne grâce, ô mon ange, ou, par Rubens, je vous emporterai !!!

Et, comme la jeune fille semblait hésiter encore, il la souleva dans ses bras en effet, traversa le salon et arriva dans la chambre à coucher.

Pivoine se débattit durant ce trajet, mais si peu qu'on eût dit qu'elle ne résistait que pour la forme.

Pivoine cria, mais si doucement, qu'on aurait pu jurer qu'elle mourait de peur d'être entendue.

Combien ne voit-on pas de vertueuses défenses qui sont semblables à celle-là?

§

Lorsque Pivoine se retrouva seule après quelques instants d'une rapide et brûlante ivresse, elle se sentit prise d'un amer chagrin et se mit à pleurer.

Pourquoi?

Parce qu'elle comprit qu'elle venait de faire un pas immense sur le grand chemin de la honte.

Parce qu'elle se dit, que jusqu'à ce jour elle n'avait donné à aucun homme le droit d'insulte et de mépris, et que ce droit, Arsène venait de l'acquérir.

Parce qu'une voix, enfin, lui cria que faire deux parts de son corps, *donner* l'une et *vendre* l'autre, c'était se prostituer à celui qui achetait.

Certes Pivoine, depuis qu'elle avait vécu au milieu de la joyeuse démoralisation du quartier Latin, avait dû perdre, et avait en effet perdu l'habitude d'envisager ces graves questions au point de vue de la morale.

Et cependant, au début d'une situation nouvelle et de

plus en plus fausse, les chastes enseignements de son obscure enfance se réveillaient à demi, et tout ce qu'il y avait encore d'honneur dans son âme se révoltait pour la dernière fois.

Aussi elle pleura beaucoup.

Ce bon moment fut vif et sincère, mais court.

Pivoine se souvint qu'avant de s'appartenir à elle-même, elle appartenait au public.

Elle se rappela qu'elle était comédienne et que les comédiennes ne doivent pas pleurer, car les larmes rougissent les paupières.

Or, le parterre n'applaudit que les yeux brillants.

Aussi Pivoine essuya ses pleurs.

Puis elle sourit à la glace qui lui renvoyait son image, afin de voir si son sourire était toujours joyeux et franc.

Ensuite elle se mit à chanter pour s'assurer que son accès de chagrin passager n'avait point altéré sa voix.

Enfin, et par gradations insensibles, elle en arriva à trouver fort ridicules les murmures de sa conscience, et elle rit aux éclats de ce qui, l'instant d'avant, la faisait pleurer.

D'ailleurs elle aimait Fra-Diavolo.

Elle l'aimait de cet amour sensuel, particulier aux femmes déjà corrompues mais non encore blasées.

Elle l'aimait surtout en raison de cet instinct fatal, en raison de ce vertige insensé, triste héritage de nos premiers parents, qui poussait Eve, notre mère, à jouer le Paradis contre le fruit défendu.

Fra-Diavolo, cependant, revenait depuis quinze jours, et le portrait de la jeune fille, en tout semblable à la tapisserie classique de madame Pénélope, n'avançait que bien peu.

Ceci tient à ce que l'artiste détruisait durant la séance du soir, l'ouvrage qu'il avait produit pendant celle du matin.

Les deux amants étaient heureux d'ailleurs, et, s'épuisant en voluptés d'autant plus brûlantes qu'elles étaient plus illicites, s'endormaient dans une sécurité trompeuse.

Arsène était trop orgueilleux pour être défiant.

Fra-Diavolo, matériel et grossier, ne comprenait rien aux délicates susceptibilités de l'amour et acceptait le mieux du monde un partage qui lui donnait la jouissance d'une jolie femme dont un autre conservait les charges.

Le hasard avait seul amené les choses à ce point, c'est au hasard qu'il appartenait de démolir ce qu'il avait bâti.

Pivoine, fatiguée par les représentations consécutives de *Madelinette*, avait obtenu de son directeur une soirée de relâche.

Fra-Diavolo, prévenu d'avance, avait attendu le départ d'Arsène, lequel, éconduit par la jeune fille sous prétexte de migraine, venait de partir pour l'Opéra.

L'artiste était alors monté, Pivoine l'avait caché derrière les rideaux de son lit et elle venait de renvoyer sa femme de chambre, avec la mission de porter une lettre tout en haut de la rue Notre-Dame-de-Lorette et d'attendre la réponse.

Le couple amoureux pouvait, on le voit, compter au moins sur deux heures de tête-à-tête.

Toutes les précautions étaient prises, et Pivoine avait même eu le soin de pousser les verrous intérieurs de la porte d'entrée.

Nul danger ne semblait pouvoir atteindre nos deux tourtereaux, et pourtant...

Mais n'empiétons pas sur le récit des faits.

Arsène était arrivée déjà à la place Saint-Sulpice.

Là, et au moment de monter dans une voiture de place, il s'aperçut qu'il avait laissé sa bourse sur la cheminée de Pivoine.

Il revint à la rue Madame.

A deux cents pas de la maison, il rencontra la femme de chambre.

— Vous sortez, Justine? lui demanda-t-il?

— Oui, monsieur, madame m'envoie en *commission*.

— Est-elle toujours aussi souffrante?

— Elle se plaint beaucoup de sa migraine et je crois qu'elle va se coucher.

— Avez-vous la clef du petit passage?

— Oui, monsieur.

— Donnez-la-moi, comme ça je ne dérangerai pas madame.

— La voici, monsieur.

Arsène continua sa route.

L'appartement de Pivoine, comme presque tous les logements de Paris, avait deux issues, la grande entrée, et l'entrée de dégagement ouvrant d'un côté dans la cuisine et de l'autre sur le carré.

La porte de cette dernière n'avait qu'une seule clef, laquelle venait de passer, de la poche de Justine dans les mains du jeune Bâchu.

Arsène monta.

Il ouvrit sans bruit.

Il entra dans le couloir, puis dans la cuisine d'où il gagna l'antichambre et le salon.

Là, surpris et presque ému, il s'arrêta pour écouter.

Il lui semblait entendre le murmure de deux voix, murmure brisé, alternatif, et coupé souvent par un bruit qui ressemblait à celui d'un baiser.

Mais sans doute c'était une erreur.

Arsène se rapprocha de la cloison et écouta de nouveau.

Les rumeurs devinrent plus distinctes.

Il n'y avait point à s'y tromper, on s'embrassait dans la chambre à coucher.

Arsène ouvrit brusquement la porte et il vit...

Il vit un tableau vivant assez semblable à la vignette

de certain conte un peu libertin du bonhomme la Fontaine : *les Deux Bâts.*

L'analogie était d'autant plus frappante que dans le conte, comme dans la réalité, il s'agissait d'un peintre et de son modèle.

Arsène, en face de ce tableau, restait debout, les yeux hébétés, les bras ballants, la bouche béante, ne sachant s'il devait avancer ou reculer, n'ayant point en un mot l'instinct de sauver pour lui-même l'effroyable ridicule de la situation.

Pivoine, dès l'apparition de son *protecteur*, avait poussé un grand cri et s'était évanouie.

Fra-Diavolo, lui, ne perdit pas la tête, il songea à tirer bon parti des *charges* de mauvais goût et du cynique aplomb qui s'apprennent dans certains ateliers, et s'avançant vers Arsène d'un air goguenard et provoquant, il lui dit :

— Donnez-vous donc la peine d'entrer, *mon cher auteur*, et de prendre une chaise. Ne vous gênez pas, par Rubens ! faites comme chez vous !... vous m'obligerez.

Arsène, en entendant ces paroles, sembla se réveiller, il jeta à son heureux rival un regard foudroyant, il enfonça son chapeau jusqu'à ses yeux, tourna sur les talons, et sortit de l'appartement, en fermant les portes après soi assez violemment pour les briser.

XXIX

ENCORE ARSÈNE.

Il nous faudrait bien des pages et bien des chapitres pour mettre nos lecteurs au courant de tout ce qui se passa dans la tête du jeune Bâchu après qu'il eut surpris Pivoine en flagrant délit de *conversation criminelle,* comme disent pudiquement nos voisins d'outre-mer.

Bornons-nous donc à une très-courte analyse de ses sensations multiples.

D'abord il rêva quelque vengeance éclatante.

Il songea à provoquer Fra-Diavolo et à se battre en duel avec lui.

Mais, toute réflexion faite, il renonça bien vite à ces idées belliqueuses dont l'éloignaient invinciblement deux considérations principales :

La première, c'est qu'il n'était rien moins que brave.

La seconde, c'est qu'après avoir réfléchi longuement

sur l'inégalité des conditions humaines, il lui semblait absurde de jouer dans les hasards d'un duel sa position heureuse et ses huit mille livres de rentes, contre la misère habituelle et l'existence précaire de l'artiste.

L'idée du combat bien et dûment écartée, Arsène pensa à rompre de façon bruyante et scandaleuse avec sa perfide maîtresse, à lui reprendre tout ce qu'elle tenait de lui, et même à la mettre à la porte de son appartement.

Mais là encore il se trouva arrêté, arrêté par l'amour-propre, ce mobile déterminant de presque toutes ses actions.

Il réfléchit qu'une rupture ainsi affichée mettrait nécessairement le public dans la confidence de sa fâcheuse aventure, et que ses amis lanceraient à qui mieux mieux force brocards sur son triste personnage de protecteur dupé.

Enfin, dans son for intérieur, il commenta deux vers célèbres qu'il s'appliqua avec une variante :

> Le bruit est pour le fat, la plainte est pour le sot,
> L'homme d'esprit trompé, s'éloigne et ne dit mot...

Et, quelque superlativement *sot* et *fat*, il résolut de se montrer *homme d'esprit* dans cette circonstance.

En conséquence, il ne souffla mot de ses infortunes quasi-conjugales, et s'abstint seulement de retourner chez Pivoine.

Quand quelqu'un de ses amis lui parlait de la jeune fille, il se contentait de répondre :

— Pivoine! ah oui!... J'avais pris cette petite pour la *lancer*, c'est tout ce que je voulais, aujourd'hui je ne m'en occupe plus!... on a mieux que cela, mon cher.

Et un geste, qu'Arsène croyait des plus régence, ne manquait point d'accompagner cette rodomontade Don-Juanesque.

Cependant le jeune homme songeait à se dédommager par les triomphes littéraires de la catastrophe de ses amours.

Il se souvint que son ami le rédacteur du *Papillon-Bleu*, tout en lui empruntant quinze napoléons, lui avait offert la collaboration facile et fructueuse d'une pièce en trois actes reçue au Palais-Royal.

A deux ou trois reprises il passa chez cet ami sans le rencontrer.

Il lui écrivit pour lui demander le manuscrit en question et ne reçut pas de réponse.

Enfin, de guerre lasse, il alla au théâtre et s'informa au secrétariat.

On ne savait ce qu'il voulait dire, mais on l'engagea à revenir le lendemain.

Il n'y manqua point et on mit alors sous ses yeux une note de M. Dormeuil, constatant que le rédacteur du *Papillon-Bleu* n'avait eu de rapports récents avec la direction que pour se voir retirer ses entrées, son journal attaquant systématiquement l'administration, qui lui refusait des billets depuis qu'elle avait appris qu'il en faisait un ignoble trafic.

Arsène comprit qu'il était volé, il se mordit les lèvres et prit son parti.

Mais hélas, un autre déboire l'attendait, une nouvelle épée de Damoclès allait se suspendre sur sa tête.

Au moment où il allait remonter chez lui (notons en passant que c'était le 30 du mois), son portier le prévint qu'on était venu dans la matinée toucher le montant d'un effet de cinq cents francs, le porteur, qui du reste paraissait singulièrement mécontent de ne pas trouver les fonds tout prêts, avait laissé son adresse.

Arsène jeta les yeux sur le nom qu'on lui présentait. Ce nom lui était totalement inconnu.

— Il y a erreur, répondit-il au portier, je n'ai souscrit aucun billet, et sans doute quelque ressemblance de signature m'a fait prendre pour un autre.

Le lendemain, vers les onze heures et au moment où il allait sortir, sa domestique vint le prévenir qu'on l'attendait au salon.

Il passa dans cette pièce et se trouva face à face avec un monsieur bien mis, cravaté de blanc, rasé de frais, l'air souriant, la bouche en cœur, et tenant un grand portefeuille sous son bras gauche.

— Est-ce à monsieur Arsène Bâchu que j'ai l'honneur de parler? demanda l'inconnu.

— Oui, monsieur.

— Monsieur devine sans doute ce qui m'amène?

— Non, monsieur.

— Ah! c'est juste, mais voici ma carte.

Cette carte, élégante et coquette, portait sur son carton-porcelaine, en lettres microscopiques, ces mots :

PHILIDOR EXÉCUTIF,

HUISSIER.

— Maintenant, vous comprenez, je pense... ajouta Philidor avec un sourire de plus en plus mielleux.

— Pas davantage.

— C'est étonnant !

— Expliquez-vous, je vous prie.

— Je viens, monsieur, pour avoir l'honneur de vous dénoncer un *protêt*, faute de payement d'un petit effet de cinq cents francs.

— Ah ! très-bien !...

— Vous y êtes ?

— C'est-à-dire que le logogriphe d'hier continue. Je n'ai signé aucune espèce de billets.

— Ah ! diable !... cependant, monsieur, voici bien votre nom, et à moins que la signature ne soit fausse, auquel cas vous feriez bien de former une plainte immédiate...

— Voyons un peu.., interrompit Arsène.

L'huissier, plein de confiance et de bons procédés, communiqua sans conteste le chiffon de papier timbré, et après une seconde d'examen, le jeune Bâchu vit se dessiner comme à travers une brume, le souvenir de l'endos accordé si légèrement au fondateur de *la Loge de Face*, dans la nuit de l'orgie des journalistes.

— Eh bien, reconnaissez-vous votre griffe ? demanda Philidor.

— Oui, mais je n'ai signé que pour obliger un ami qui m'avait promis de payer à l'échéance.

— Ceci ne me regarde en rien. Vous êtes endosseur, vous devez payer, et j'ai le regret de vous dire que je me verrai forcé de faire le prôtet si vous n'acquittez point cette valeur.

— Faites, monsieur, je refuse positivement de payer.

Après cette déclaration précise, il ne restait à l'officier ministériel qu'à instrumenter, il instrumenta.

Arsène courut chez le fondateur de *la Loge de Face*.

On lui répondit qu'il était à la campagne et qu'on ne savait quand il reviendrait.

Bâchu, furieux de voir se renouveler d'une façon presque identique, mais avec des circonstances aggravantes, les procédés du rédacteur du *Papillon Bleu*, écrivit une lettre foudroyante dans laquelle il menaçait *de la police correctionnelle* le journaliste peu délicat.

Pas de réponse, mais le jour suivant une large enveloppe fut remise entre les mains d'Arsène par un commissionnaire.

Cette enveloppe contenait le numéro de *la Loge de Face*, paru le matin même.

En guise de premier-Paris et sous cette rubrique :

TRIPOTAGES COMICO-DRAMATIQUES.

Un article d'environ une colonne et demie (soigneusement encadré à la plume et à l'encre rouge), occupait la tête de la feuille.

Arsène se sentit pris d'un battement de cœur et lut rapidement ce qui suit :

« On vient de nous raconter, sous le sceau du secret, l'anecdote la plus cocasse et la plus ébouriffante qu'il soit possible d'imaginer.

« Il y a de cela quelque quinze jours, nous rendions compte dans ce même journal de la première représentation d'un vaudeville joué, non sans succès, sur l'un de nos petits théâtres de Paris.

« Nous avions, comme tout le monde, attribué la paternité de ce vaudeville à M. A*** B*** le seul auteur nommé.

« Eh bien, pas du tout : et nous avons la satisfaction d'annoncer à nos lecteurs, que le triomphateur prétendu, l'aimable jeune homme qu'on a pu voir en gants paille et en lorgnon, se carrer dans une avant-scène, et s'envoyer des bravos flatteurs, le soir de la première représentation, est aussi complétement étranger à la pièce en question qu'à tout autre ouvrage spirituel.

« Nous avons été tout simplement dupe, avec le reste du public, d'un brocantage aussi immoral que ridicule.

« Monsieur A... B..., exploitant la misère de l'un de ses anciens camarades, le vaudevilliste G..., n'a pas rougi d'acheter, pour un morceau de pain, une œuvre consciencieusement élaborée et de laquelle dépendait peut-être l'avenir tout entier du véritable auteur.

« Et c'est après un aussi ignoble tripotage que monsieur A... B... ose se gonfler et tendre le nez aux parfums de l'encens, sans se douter que les coups d'encensoir lui arrivent en plein visage.

« Il appartient à nous qui sommes les défenseurs véritables et désintéressés de la littérature, il appartient à nous de signaler et de dévoiler des actes pareils.

« Nous nous sommes juré de saper dans sa base cette infâme exploitation du pauvre par le riche, du faible par le fort, *triste débris des institutions féodales !*

« Nous ne manquerons pas à cette noble tâche.

« Nous attendons de plus amples renseignements qui doivent nous être donnés sous peu.

« S'ils confirment les faits que nous énonçons aujourd'hui, nous nommerons les masques dans notre prochain numéro, et nous jetterons le sarcasme et la honte au visage de qui de droit. »

« *P. S.* On ajoute quelques détails fort piquants relativement à une jeune et jolie actrice, mademoiselle P... que nous avons vue débuter dans la pièce en question, et à laquelle s'intéressait vivement alors le ridicule brocanto-littérateur.

« Nous joindrons ces détails, s'il y a lieu, à notre prochaine causerie. »

Le journal s'échappa des mains d'Arsène abasourdi.

Quelque bête et ridicule que fût l'article dans sa forme,

une vérité terrible se cachait sous ces lignes ampoulées et mal bâties et chaque mot portait coup.

Arsène n'avait qu'un parti à prendre.

Il le prit.

Une heure après, il était chez Philidor Exécutif, auquel il payait le principal et les frais du billet protesté.

Le numéro suivant de la *Loge de Face* contint une sorte de rétractation, et le journaliste imprima que sa *religion* avait été surprise et qu'on avait abusé de sa *bonne foi*.

Arsène se jura de renoncer pour toujours à la littérature.

Nous croyons qu'il s'est tenu parole.

XXIX

DÉBACLE.

Nul souci, nulle inquiétude, nul *remords* ne venaient désormais troubler les amours peu platoniques de l'artiste et de la jeune fille.

Fra-Diavolo se gonflait d'orgueil en songeant qu'il était l'unique possesseur de la plus jolie femme de Paris.

Pivoine se sentait à l'aise depuis le complet abandon d'Arsène.

Les premiers jours furent enivrants.

Le peintre, désertant son atelier, ne quittait point le logis de Pivoine, et tous deux se laissaient entraîner au courant de leurs désirs satisfaits et de leur bonheur sans mélange, ne songeant à l'avenir que pour le parer des plus riantes couleurs.

Fra-Diavolo *croyait* aux *appointements* de Pivoine.

Pivoine, entendant son amant parler sans cesse de son talent hors ligne, se persuadait qu'il n'avait qu'à reprendre ses pinceaux pour métamorphoser en or, et les toiles de ses chassis et les couleurs de sa palette.

Une tranquillité profonde et une confiance sans bornes, tels étaient les résultats de cette double et mutuelle illusion.

La garde-robe de Pivoine se trouvait d'ailleurs assez bien montée, et, quand commencèrent les embarras d'argent, on rencontra toutes sortes de facilités de la part des fournisseurs, tels que boulangers, bouchers, etc., etc., lesquels, accoutumés à un paiement prompt et régulier, ne se montrèrent point récalcitrants à la première demande de crédit.

Ceci fut court.

Les mémoires s'enflaient rapidement. L'épicier présenta le sien et fut renvoyé.

Cet industriel connaissait Arsène, de nom et de vue; il s'adressa à lui.

On devine que le jeune Bâchu, non-seulement refusa de solder la facture malencontreuse, mais encore déblatéra fort amèrement contre la jeune fille, et prévint le marchand de denrées coloniales, qu'il risquait fort de n'être point payé.

L'épicier revint tout en émoi, sonna dans le quartier le tocsin d'alarme, puis monta chez Pivoine, à laquelle il fit une scène identiquement semblable à toutes celles qu'exécutent chez les lorettes inexactes les fournisseurs mécontents, scène qui peut d'ailleurs se sténographier ainsi qu'il suit, sans variantes :

— Madame, je viens pour la petite note.

— Ah! ah!... très-bien, voulez-vous repasser dans huit jours?

— Non, madame.

— Pourquoi donc?

— Parce que j'ai besoin d'argent aujourd'hui, et qu'il m'en faut.

— Je n'en ai pas.

— Je vous répète que j'en ai besoin.

— Je vous répète que je n'en ai pas.

— Trouvez-en.

— Où?

— Ça ne me regarde pas.

— Mais, monsieur...

— Il n'y a pas de : *mais monsieur!* vous me devez, payez-moi.

— Comment?

— Je n'en sais rien. Seulement je ne sortirai pas d'ici avant d'être payé.

— Pourtant, monsieur...

— Il n'y a pas de : *pourtant monsieur!* vous me devez, payez-moi, en attendant je m'installe.

Et tout en parlant, le créancier remet son chapeau sur sa tête et s'assied.

La lorette se mord les lèvres et dit :

— Je vous supplie, monsieur, de me donner quelques jours.

— Pas seulement une heure, j'ai besoin de mon argent tout de suite.

— Alors, monsieur, arrangez-vous comme vous voudrez, je ne peux pas vous payer maintenant, et je ne vous paierai pas.

Ici le créancier se lève, entre en fureur, et s'écrie :

— Ah! c'est comme ça, coquine! ah! c'est comme ça, voleuse? vous n'étiez pas si fière, le jour où vous êtes venue m'escroquer ma marchandise à crédit! Si ça n'est pas une horreur de voir des malheureuses comme ça, que ça vit dans des beaux meubles comme des duchesses, que ça se met des robes de soie sur le... *dos* et que ça ne paie pas les honnêtes gens!!!

Le créancier s'échauffe de plus en plus et reprend avec une fureur croissante :

— Ah! gredine! ah! gourgandine! mais ça ne se passera pas comme ça! Je te dis que tu vas me payer, ou que je casse tout dans ton *bazar* et que je vas chercher la garde !!!

Voilà où en était le dialogue entre l'épicier et Pivoine lorsque survint Fra-Diavolo.

Le marchand écumait.

Pivoine, qui n'était pas encore *bronzée* par la fréquence de pareilles avanies, Pivoine tremblait de tous ses membres.

L'artiste s'informa du sujet de la discussion, il fut mis

au fait en peu de mots, et prit naturellement le parti de sa maîtresse.

L'épicier, qui s'était radouci à l'aspect du jeune homme, redevint alors insolent.

Fra-Diavolo le poussa par les épaules, le jeta dehors et le bouscula dans l'escalier.

Ainsi malmené, le créancier remplit la maison de ses clameurs et de ses juremens.

A chaque étage, les portes s'ouvrirent et des têtes curieuses apparurent sur tous les *carrés*.

Ce fut un scandale inouï.

Pivoine, à demi-morte de honte et de chagrin, courut se réfugier au fond de sa chambre à coucher.

Fra-Diavolo, lui, trouvait ce qui venait de se passer la chose du monde la plus simple !

Tant est grande la force de l'habitude !

Au bout d'une heure, arriva le boucher.

Puis le boulanger.

Ensuite ce fut le tour de la fruitière, à laquelle succéda le charbonnier, etc..., etc...

Chaque coup de sonnette faisait trembler Pivoine, car il lui annonçait une nouvelle invasion et une nouvelle avanie.

La jeune fille s'étonnait que Fra-Diavolo ne lui offrît point de venir *pécuniairement* à son aide.

Mais en présence de son silence obstiné, elle aimait mieux tout subir que de lui adresser une demande d'argent.

La semaine suivante, en se rendant au théâtre, Pivoine fut appelée dans le cabinet de l'administration, et là elle apprit du directeur que HUIT *oppositions* venaient d'être formées sur ses modestes appointements à la requête de ses créanciers!!!

Quinze jours se passèrent encore, l'époque du terme arriva, Pivoine ne put pas payer. Le propriétaire mis en garde par une officieuse communication d'Arsène, se montra sans pitié, et, après le temps strictement nécessaire pour accomplir les formalités légales, la jeune fille fut expulsée de son appartement et vit ses meubles vendus à la criée, ainsi que la presque totalité de ses vêtements.

C'est alors qu'elle alla, tout en larmes, s'installer chez Fra-Diavolo.

Plus d'une fois déjà, Pivoine avait témoigné à l'artiste le désir de connaître son atelier, mais toujours il avait inventé des prétextes pour éluder ou pour reculer cette visite.

Nous ne saurions rendre l'impression douloureuse produite sur Pivoine par la nudité et par le délabrement du logis de Fra-Diavolo.

Elle s'épouvanta de sa destinée, car elle comprit qu'en s'enchaînant au peintre, elle venait d'épouser la misère, la misère triste et sordide.

Cependant elle s'efforça de chasser ces réflexions funestes.

Elle se dit qu'elle aimait son amant; qu'elle l'aimait d'un amour profond et qui serait éternel.

Elle commenta dans son esprit et retourna sous toutes ses faces cet absurde lieu commun que chacun de nous a soupiré au moins une fois dans sa vie et qui se formule ainsi : *une chaumière et son cœur !!!*

Enfin elle se répéta, et jusqu'à satiété, ce vers si doux de Béranger :

> Dans un grenier qu'on est bien à vingt ans!

Mais elle le chantait du bout des lèvres et non point du fond du cœur.

L'arrivée de Pivoine dans l'atelier avait d'ailleurs complétement bouleversé l'existence de Fra-Diavolo.

D'abord il lui avait fallu congédier son joyeux et docile rapin, le pauvre Olibrius, qu'il ne pouvait plus nourrir, même de pain et de fromage d'Italie.

Ensuite, au grand chagrin de ses douces habitudes de paresse et de nonchalance, il s'était vu forcé de se mettre au travail, et, faute de mieux, d'entreprendre une série de devants de cheminées, dont un négociant de la rue Saint-Martin avait bien voulu lui confier l'entreprise.

Les modiques sommes, fruits de ce labeur ingrat, jointes à ce qui subsistait des appointements de Pivoine, déduction faite de l'argent dévoré par les oppositions, suffirent tant bien que mal d'abord à la vie et à l'entretien des deux jeunes gens.

Mais hélas! un matin Pivoine reçut une lettre du directeur de Bobino.

Cette lettre lui annonçait que le succès de *Madelinette* étant épuisé, elle eût à se pourvoir ailleurs.

Et, si l'on s'étonne que le théâtre consentît à se priver ainsi de sa plus jolie pensionnaire, nous répondrons qu'Arsène avait passé par là, et qu'il avait fait du non-engagement de la jeune fille, la condition *sine qua non* d'un emprunt de quelques milliers de francs, pour lequel son ami le directeur lui demanda sa garantie.

Il fallait cependant, sous peine de mourir de faim, trouver un moyen de se caser quelque part.

Hélas! hélas! et trois et quatre fois hélas! Pivoine fut heureuse d'être admise comme figurante au théâtre du Vaudeville, avec des appointements de *un franc vingt-cinq centimes* par répétition et de *un franc* par représentation.

Mais là une nouvelle série de tribulations et de chagrins l'attendaient.

D'abord, après les rêves si brillants de fortune et de gloire dramatique qu'elle avait faits jadis, n'était-il pas affreux de se voir reléguer au dernier rang avec cent fois plus de talent et de beauté qu'il n'en fallait pour briller au premier?

Ensuite, et c'était triste, ne fallait-il pas chaque soir endosser ces costumes de pacotille, accumulés dans le vestiaire du théâtre à l'usage de toutes les générations de figurantes, vêtements d'emprunt qui déguisaient et alourdissaient de la façon la plus déplorable ses formes si pures et si charmantes?

Enfin, et pour couronner ces petites tortures, Fra-Diavolo ne s'était-il point avisé de devenir horriblement jaloux?

Partout il suivait Pivoine.

Sans cesse il l'épiait.

Chaque jour et chaque soir, il faisait le guet à la porte du théâtre, et, si le malheur voulait que la pauvre fille sortît accompagnée d'un homme, *figurant* comme elle ou musicien de l'orchestre, ou bien si le hasard la mettait en retard de quelques minutes, Fra-Diavolo l'accablait de reproches aussi injustes que violents, lui prodiguait les épithètes les plus grossières et les plus insultantes, et parfois allait jusqu'à la menacer du geste.

Et pourtant malgré tout cela, peut-être à cause de tout cela, Pivoine, que nous avons vue indifférente pour Virgile, indifférente pour Arsène, Pivoine aimait Fra-Diavolo.

Oh! femme! femme! énigme vivante, qui donc pourra déchiffrer, qui donc pourra mettre au grand jour les bizarres mystères de ton cœur?

XXXI

LE TABLEAU.

Quelques mois s'écoulèrent ainsi. L'hiver était venu, l'époque de l'exposition approchait.

Chaque année, Fra-Diavolo envoyait au jury une demi-douzaine de toiles que ces messieurs de l'Institut avaient le mauvais goût de toujours refuser.

L'artiste méconnu se livrait à une foule de tirades, grosses d'imprécations et d'anathêmes, il traitait le jury de *Welche,* d'*Ostrogoth,* de *Bourgeois* enfin, et...

Et, au mois de mars suivant, il tentait de nouveau la fortune, avec un résultat exactement semblable.

Hâtons-nous d'ailleurs d'ajouter que les ouvrages écartés si obstinément par suite d'une sorte de parti pris, valaient beaucoup mieux, sans contredit, qu'une foule d'autres plus heureux.

Cette année-là, Fra-Diavolo résolut de se surpasser lui-même.

Depuis longtemps il rêvait un tableau qu'il avait essayé plusieurs fois, mais sans succès.

C'était *Ariane abandonnée.*

Le jeune peintre manquait d'imagination, et la vulgarité de formes des *poseuses* qui lui servaient de modèles, (vulgarité qu'il ne savait ni *idéaliser,* ni poétiser), avait toujours été pour lui un insurmontable écueil.

Enfin l'obstacle disparut.

A force de prières, il obtint de Pivoine qu'elle *poserait* pour l'*Ariane.*

La jeune fille résista longtemps.

Il lui semblait qu'abandonner aux profanes regards du public la reproduction exacte et presque vivante de son beau corps tout entier était une prostitution véritable.

A notre sens, elle avait raison.

Cependant Fra-Diavolo supplia tant, qu'elle finit par céder.

Voici ce que fut le tableau.

Au premier plan, et se soutenant aux mousses d'une roche dont la marée montante venait lécher la base, *Ariane* complétement nue fixait son regard avide et désolé sur une voile blanche qui se perdait à l'horizon.

La main gauche de la jeune femme s'appuyait au-dessous de sa gorge de marbre et semblait comprimer les battements impétueux de son cœur.

Ses longs cheveux noirs dénoués faisaient ressortir d'une façon merveilleuse la blancheur rosée de son corps, et sur ce fond obscur se détachaient en relief les profils si corrects de ses formes sveltes et élégantes.

Une expression de douleur amère se mêlait à des souvenirs de volupté dans l'expression de son doux et noble visage.

Les lèvres s'entr'ouvraient pour un cri d'angoisse et d'amour.

C'était bien Ariane, Ariane trouvant au réveil l'angoisse et l'abandon, après une longue nuit de baisers et de tendres ivresses.

Lorsqu'il ne s'agissait que de copier, Fra-Diavolo, nous le savons, avait un talent remarquable.

Cette fois, son modèle était digne du ciseau de Phidias ou des pinceaux de Praxitèle.

Aussi le tableau fut un chef-d'œuvre.

Le jury, bien inspiré, l'accueillit avec une unanimité touchante, dès l'ouverture du salon il attira la foule, la critique consacra par ses ovations le grand succès du jour, et Paris, pendant une semaine, retentit du nom de Fra-Diavolo.

Parmi les plus fervents enthousiastes de l'*Ariane*, nous devons citer un gentilhomme jeune encore, immensément riche, et protecteur des beaux arts, un peu par goût et beaucoup par *genre*.

Ce gentilhomme s'appelait le comte Réné.

Il appartenait à cette race féconde des *Mécènes*, gens de loisir, d'intelligence et de *calcul*, qui frayent volontiers avec les artistes, patronnent les talents naissants, achètent les ouvrages des jeunes peintres encore peu connus, et se créent ainsi, à peu de frais, de fort belles galeries, tout en se faisant une réputation de libéralité et de goût.

Le comte Réné avait trente-deux ou trente-trois ans.

Au physique, il était ce qu'on est convenu d'appeler *un très-bel homme*, c'est-à-dire que sa taille dépassait cinq pieds six pouces, qu'il ne péchait ni par trop de ventre ni par de trop larges épaules, que ses traits réguliers s'encadraient dans les massifs d'une barbe brune bien plantée et admirablement soignée.

Ses dents étaient belles, son pied et sa main étaient fort aristocratiques, et l'élégance sévère et recherchée de sa toilette donnait un véritable charme à l'ensemble que nous venons de décrire.

Au moral, le comte Réné était fort infatué de sa personne et de son mérite, singulièrement vain, et désireux de collectionner de beaux tableaux ou d'acquérir des chevaux de race et de jolies maîtresses, au moins autant pour *la montre* (qu'on nous passe cette expression significative) que pour sa satisfaction personnelle.

En lisant le nom inconnu de *Fra-Diavolo* tracé en lettres d'un vermillon éclatant sur la roche de *l'Ariane*, en regardant surtout la bordure fanée et plus que modeste qui servait de cadre à la précieuse toile, le comte Réné devina la misère de l'artiste, et préjugeant qu'une magnifique occasion s'offrait à lui, il se rendit chez le peintre dont le livret révéla l'adresse.

Fra-Diavolo, seul dans son atelier sans feu, réchauffait ses mains en se *brassant*, et ses pieds en *battant la semelle*, à la manière des cochers de fiacre.

Il fut interrompu dans ce double travail par l'arrivée de sa portière, laquelle, tout essoufflée d'avoir gravi les six étages, se laissa tomber sur une chaise sans pouvoir prononcer d'autres paroles que celles-ci :

— Ah !... môsieu... Fra... Diavolo...

— Qu'y a-t-il, mam' Potard? qu'y a-t-il? *nom d'un petit bonhomme!* vous me semblez bien *émotionnée?*

— Il y a... dit la portière en essayant de reprendre haleine, il y a... qu'il y a...

— Quoi ?

— Il y a... qu'il y a... en bas... un môsieu... avec deux chevaux gris... comme mon chat... dans une voiture... et un petit domestique... galonné...

— Avec les chevaux, dans la voiture ! c'est fort !

— Eh non ! les chevaux sont devant, le domestique derrière, le môsieu dedans...

— Ça se comprend mieux !... Mais venons au fait, mam' Potard, vous m'agacez !

— Toujours est-il que ce môsieu demande si vous y êtes... y dit que c'est pour une peinture.

— Bah !

— Oui, môsieu Fra-Diavolo. Faut-y y dire qu'y monte?

— Par Rubens ! Je le crois bien... volez-y mam' Potard, et si ce monsieur m'apporte des *monacos*, je vous ferai *à l'œil* le portrait de *Moumoute*.

Moumoute était le chat de madame Potard.

Enthousiasmée par cette promesse, la vieille portière descendit l'escalier de toute la vitesse de ses jambes flageolantes.

Trois minutes après, le comte Réné entrait dans l'atelier.

— Monsieur, dit-il en saluant l'artiste avec une grâce parfaite, je pense que j'ai le plaisir de parler à l'auteur du beau tableau de l'*Ariane abandonnée ?*...

— En effet, monsieur, c'est moi qui...

— Permettez-moi de vous complimenter, et je dirai plus, ajouta le comte avec un geste plein de bonhomie, permettez-moi de vous serrer la main, je m'estime heureux de faire votre connaissance, vous avez un grand talent!

— Vous êtes trop bon, murmura Fra-Diavolo, qui se dit tout bas : pourvu qu'il achète ! ! !

— Monsieur, poursuivit Réné, je m'honore d'être l'ami des arts et des artistes, et je viens vous demander si votre tableau est à vendre?

— Oui, monsieur.

— Je désire en faire l'acquisition.

— Enfin! pensa l'artiste dont un éclair joyeux vint illuminer le visage.

— Quel est votre prix?

— Mais... à vous parler franchement, je n'ai pas bien réfléchi...

— Voulez-vous que je vous offre le mien?

— Vous me ferez plaisir.

— Il est modeste, mais plus tard nous augmenterons, car je compte vous demander une série de tableaux...

— Je serai toujours à vos ordres...

— Cinq cents francs vous paraissent-ils acceptables ?

Fra-Diavolo crut avoir un éblouissement, tant cette offre lui sembla splendide.

Ce prix était pourtant modique. Mais le pauvre peintre sortait des devants de cheminée à six francs la pièce ! ! !

— J'accepte, répondit-il avec empressement.

— Alors les voilà, dit le comte en lui présentant un billet de banque, voici de plus mon nom et mon adresse, vous m'obligerez en faisant porter ce tableau chez moi sitôt après la fermeture du Musée.

— C'est convenu.

— Vous convient-il de me faire un *pendant* au même prix ?

— Parfaitement.

— Je vois avec plaisir que nous nous entendons. Eh bien, mon cher artiste, maintenant qu'*Ariane* m'appartient, dites-moi, je vous prie, comment vous avez pu rêver un type de femme aussi admirable ?

— Mais, monsieur, ce n'est point un rêve, c'est une réalité.

— Allons donc !

— Sans doute.

— Vous avez eu un modèle ?

— Oui, monsieur.

— Et vous l'avez copié?...

— Exactement.

— C'est impossible !

— C'est cependant la vérité pure.

— Une beauté aussi parfaite, aussi correcte, n'est pas dans la nature !

— Je vous affirme le contraire.

— Pour me faire croire qu'une semblable femme existe, il faudrait me la montrer.

— Voyez-la donc, car la voici !

En effet, Pivoine, arrivant de la répétition du Vaudeville, apparaissait à la porte de l'atelier.

Le comte Réné se tourna vers elle, la salua respectueusement et s'écria :

— Ah! madame! monsieur me parlait de votre beauté splendide et j'étais incrédule! maintenant je suis forcé de convenir que vous dépassez encore cette *Ariane* dont je doutais que le modèle pût exister!

Ces paroles furent accompagnées d'un regard si brûlant, que Fra-Diavolo qui le surprit au passage sentit s'enfoncer dans son cœur les morsures de feu du serpent de la jalousie.

Toute la joie qu'il éprouvait l'instant d'auparavant de la vente inespérée de son tableau, se dissipa soudain comme la fumée d'un feu de paille.

Le sourire, bien naturel cependant, par lequel Pivoine répondit au compliment du comte Réné, le plongea dans un accès de rage intérieure que nous ne saurions point décrire.

Sans doute quelque chose des sentiments qui l'agitaient vint se refléter sur sa figure et fut aperçu du comte, car après deux ou trois paroles insignifiantes, ce dernier prit son chapeau et sortit.

L'artiste, resté seul avec sa maîtresse, lui fit une querelle sans motif, et les beaux yeux de la jeune fille se rougirent jusqu'au soir de larmes imméritées.

XXXII

LE COMTE RÉNÉ.

Le comte Réné, en quittant l'atelier et avant de remonter dans sa voiture, entra dans la loge de madame Potard.

Deux pièces de cent sous mises dans la main de la digne portière triomphèrent de sa discrétion habituelle, et le comte fut mis au fait de tout ce qu'il désirait savoir relativement à Pivoine et à Fra-Diavolo.

Le lendemain, madame Potard remettait mystérieusement à la jeune fille une lettre qu'on venait d'apporter pour elle.

Voici cette lettre :

« Mademoiselle,

« J'eus hier l'honneur de vous voir pour la première fois, et vous avez fait sur moi une impression si vive que je ne puis résister au désir de vous exprimer les sentiments que vous m'inspirez.

« Je vous aime!...

« Ces trois mots disent tout.

« Maintenant, je me hâte d'en arriver à la position que je voudrais vous faire et que je mettrais tout mon bonheur et tout mon orgueil à vous voir accepter.

« Je sais combien est triste votre existence actuelle.

« Je sais combien est peu digne de vous l'homme avec qui vous vivez.

« A votre beauté merveilleuse, il faut, mademoiselle, merveilleux entourage.

« A votre front il faut un diadème, il faut des perles à vos cheveux si noirs, il faut des diamants à votre cou si blanc, il faut du velours à vos épaules de reine.

« Ce qu'il vous faut encore, mademoiselle, c'est une élégante voiture et des chevaux rapides.

« C'est une maison à vous, une livrée, le luxe, les plaisirs, le bonheur...

« Tout cela je vous l'offre...

« Je vous l'offre avec le cœur et la personne.

« De celui qui se dit le plus passionné de vos esclaves.

« Le comte RÉNÉ.
« 19, rue de la Chaussée-d'Antin. »

Pivoine lut cette lettre.

Elle la relut deux fois, puis elle fit un trait héroïque.

Elle remonta auprès de Fra-Diavolo et lui présenta l'épître du comte, tout ouverte, et sans prononcer une parole.

Mais l'artiste n'était point capable de sentir et d'apprécier toute la grandeur du procédé de la jeune fille.

Il se mit en fureur et il accusa la triste Pivoine de s'être attiré, par ses coquetteries, cet insolent billet.

Pivoine baissa la tête et ne répondit point.

Trois jours se passèrent.

Fra-Diavolo, plus que jamais dévoré de jalousie, espionnait sa maîtresse et la suivait partout, mais furtivement et en se cachant.

Le matin du quatrième jour, Pivoine avait à faire quelques emplettes de ménage, du côté de l'Odéon.

Elle sortit.

Fra-Diavolo se glissa sur ses traces.

La jeune fille entra dans le jardin du Luxembourg par la grille de la rue Fleurus.

L'artiste la suivit en se coulant derrière les arbres.

Elle n'avait pas fait cent pas qu'elle fut abordée par un homme.

Fra-Diavolo reconnut le comte, il bondit de colère et fut au moment de s'élancer sur lui, pourtant il se contint et demeura caché.

— Mademoiselle, murmura Réné en abordant la jeune fille, le chapeau à la main, n'avez-vous donc pas reçu ma lettre?

— Je l'ai reçue, monsieur! répondit froidement Pivoine.

— Et vous l'avez lue?

— Je l'ai lue.

— Eh bien ?...

— Eh bien! quoi, monsieur?

— Que puis-je espérer?

— Rien.

— Rien, mademoiselle? et pourquoi, mon Dieu!

— J'ai un amant, monsieur, et je l'aime!

— Ainsi votre décision est irrévocable?

— Oui, monsieur.

— Cependant, mademoiselle...

— Je vous prie, monsieur, de vouloir bien me quitter, interrompit la jeune fille.

Il y avait dans son accent une si irrésistible fermeté que le comte s'éloigna tout aussitôt, et se contenta de la suivre à une distance de quelques pas.

Fra-Diavolo avait tout vu, mais sans pouvoir entendre les paroles échangées.

Il rentra dans son atelier quelques minutes avant le retour de Pivoine.

Cette dernière fut frappée de la pâleur de ses traits et de l'expression sinistre de son regard.

— Est-ce que tu souffres, mon ami? lui demanda-t-elle avec inquiétude...

— D'où viens-tu? dit Fra-Diavolo d'un ton farouche.

— Mais... tu le sais... je viens de la rue Voltaire...

— Qui as-tu rencontré ?

Pivoine hésita.

Mais elle songea tout aussitôt aux folles jalousies de son amant, et, pour éviter une scène violente, elle eut recours à un innocent mensonge.

— Personne, répondit-elle.

— Misérable ! s'écria Fra-Diavolo dont les yeux s'injectaient de sang.

— Misérable ! répéta-t-il, c'est donc fini ! tu ne me tromperas plus ! je sais tout ! ! !

Et, saisissant une canne de jonc dans un angle de l'atelier, il s'avança sur Pivoine en brandissant cette arme.

— Grâce ! murmura la jeune fille au comble de l'épouvante, grâce ! grâce ! je t'aime ! pardonne-moi ! pardonne-moi !

— Tu me demandes pardon ! tu es donc coupable ! tiens, malheureuse ! tiens ! tiens ! tiens !

Et Fra-Diavolo frappa de toute la violence de sa colère la jeune fille agenouillée, et comme à chaque coup la rage achevait de l'aveugler, il frappa jusqu'au moment où la canne brisée s'échappa de ses mains, tandis que Pivoine évanouie roulait sur le carreau.

Alors se dissipa le nuage sanglant qui voilait son regard, il comprit combien était infâme l'action qu'il venait de commettre.

Il se jeta à genoux à côté du corps de Pivoine, il couvrit de baisers ses mains et son visage, il lui demanda, à son tour, grâce et pardon.

La jeune fille reprit connaissance et se releva.

Elle était pâle, mais elle était calme.

Elle ne répondit pas un mot aux sanglots et aux prières de Fra-Diavolo qui se traînait à ses pieds.

Elle mit son chapeau, s'enveloppa dans un châle et se dégagea doucement de l'étreinte par laquelle le jeune homme cherchait à l'enlacer.

Elle sortit de l'atelier, puis de la maison, puis de la rue.

L'artiste la suivit toujours.

Un cabriolet de régie vint à passer.

Elle y monta en disant au cocher d'une voix sourde, pareille à celle des somnambules :

— Rue de la Chaussée-d'Antin, 19.

Fra-Diavolo entendit ces mots et fouilla dans ses vêtements pour y chercher une arme.

Il n'en trouva pas.

Alors il se frappa le front d'un geste désespéré et prit sa course du côté des quais. Il allait à la Seine et songeait à se tuer.

TABLE DES MATIÈRES

PREMIÈRE PARTIE

LES DÉBUTS D'UNE PÉCHERESSE

Chap. I.	— L'atelier....................................	5
II.	— Une toilette d'artiste....................	15
III.	— Un mystère...............................	24
IV.	— Une première représentation...........	33
V.	— Un baisser de rideau...................	44
VI.	— Coup d'œil en arrière..................	52
VII.	— L'arrivée.................................	63
VIII.	— La première nuit........................	74
IX.	— La première nuit (suite)...............	85
X.	— La première nuit (suite)...............	97
XI.	— A la bonne foi !.........................	107
XII.	— Les époux Carcan.......................	114
XIII.	— Armodius................................	122
XIV.	— Virgile....................................	130
XV.	— Le cabinet particulier..................	140
XVI.	— Le cabinet particulier (suite)..........	146
XVII.	— Arsène Bàchu...........................	154
XVIII.	— Une vocation malheureuse............	160
XIX.	— Une transaction littéraire.............	168
XX.	— Une débâcle.............................	177
XXI.	— Stratégie amoureuse...................	187
XXII.	— Un conseil... d'amant..................	198

TABLE DES MATIÈRES.

Chap. XXIII.	— Un fragment de physiologie de l'amour, une déclaration excentrique.	206
XXIV.	— Dans les coulisses................	217
XXV.	— Profits des journalistes............	225
XXVI.	— Fra-Diavolo....................	239
XXVII.	— Une scène d'atelier..............	254
XXVIII.	— Le flagrant délit................	263
XXIX.	— Encore Arsène..................	280
XXX.	— Débâcle	280
XXXI.	— Le tableau.....................	289
XXXII.	— Le comte Réné.................	298

FIN DE LA TABLE.

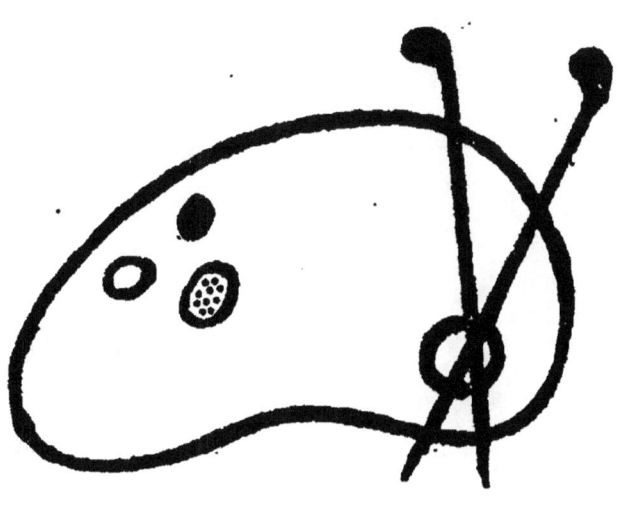

Original en couleur

NF Z 43-120-8

www.ingramcontent.com/pod-product-compliance
Lightning Source LLC
Chambersburg PA
CBHW071523160426
43196CB00010B/1632